U0619103

产安天下

熊汉涛　著

中国青年出版社

图书在版编目（CIP）数据

产安天下 / 熊汉涛著 . —— 北京：中国青年出版社，2024.1
ISBN 978-7-5153-7035-4

Ⅰ . ①产… Ⅱ . ①熊… Ⅲ . ①产业—安全—研究—中国 Ⅳ . ① F269.2

中国国家版本馆 CIP 数据核字（2023）第 172750 号

策　　　划：蔺玉红
责任编辑：叶施水　　马福悦
书籍设计：瞿中华

出版发行：中国青年出版社
社　　　址：北京市东城区东四十二条 21 号
网　　　址：www.cyp.com.cn
电子邮箱：jdzz@cypg.cn
编辑中心：010-57350406
营销中心：010-57350370
经　　　销：新华书店
印　　　刷：北京中科印刷有限公司
规　　　格：710mm×1000mm　1/16
印　　　张：12.75
插　　　页：1
字　　　数：140 千字
版　　　次：2023 年 9 月北京第 1 版
印　　　次：2024 年 1 月北京第 1 次印刷
定　　　价：48.00 元

如有印装质量问题，请凭购书发票与质检部联系调换
联系电话：010-57350337

安为天下与天下为安

习近平总书记在党的二十大报告中深刻指出："国家安全是民族复兴的根基，社会稳定是国家强盛的前提。必须坚定不移贯彻总体国家安全观，把维护国家安全贯穿党和国家工作各方面全过程，确保国家安全和社会稳定。"[1]明确要求："增强全党全国各族人民的志气、骨气、底气，不信邪、不怕鬼、不怕压，知难而进、迎难而上，统筹发展和安全，全力战胜前进道路上各种困难和挑战，依靠顽强斗争打开事业发展新天地。"[2]这些重要思想，为新时代统筹发展与安全、维护国家安全和社会稳定，进一步指明了前进方向。

国家安全是安邦定国的重要基石。党的十八大以来，以习近平同志为核心的党中央顺应时代发展大势，从新时代坚持和发展中

1　习近平：《高举中国特色社会主义伟大旗帜　为全面建设社会主义现代化国家而团结奋斗——在中国共产党第二十次全国代表大会上的报告（2022年10月16日）》，《人民日报》2022年10月26日。

2　习近平：《高举中国特色社会主义伟大旗帜　为全面建设社会主义现代化国家而团结奋斗——在中国共产党第二十次全国代表大会上的报告（2022年10月16日）》，《人民日报》2022年10月26日。

国特色社会主义的战略高度，把马克思主义国家安全理论和当代中国安全实践、中华优秀传统战略文化结合起来，创造性提出总体国家安全观。[1] 党的十九大将坚持总体国家安全观纳入新时代坚持和发展中国特色社会主义基本方略，并写入党章，反映了全党全国人民的共同意志。总体国家安全观是我们党历史上第一个被确立为国家安全工作指导思想的重大战略思想，是中国共产党和中国人民捍卫国家主权、安全、发展利益百年奋斗实践经验和集体智慧的结晶，是马克思主义国家安全理论中国化的最新成果，是习近平新时代中国特色社会主义思想的重要组成部分，是新时代国家安全工作的根本遵循和行动指南。[2]

党的十八大以来，习近平总书记始终牢牢抓住国家安全这一头等大事，亲自担任中央国家安全委员会主席，亲自谋划、亲自部署、亲自指挥，发表一系列重要讲话、作出一系列重要指示。从 2013 年 11 月党的十八届三中全会确定设立国家安全委员会、完善国家安全体制和国家安全战略，到 2014 年 1 月中共中央政治局会议研究确定国家安全委员会设置，中央政治局决定，中央国家安全委员会作为党中央关于国家安全工作的决策议事协调机构，向中央政治局、中央政治局常委会负责，统筹协调国家安全重大事项和重要工作；从 2014 年 4 月国家安全委员会第一次全体会议首次提出"总体国家安全观"，到 2015 年 7 月第十二届

---

[1] 中共中央宣传部、中央国家安全委员会办公室编:《总体国家安全观学习纲要》，学习出版社、人民出版社 2022 年，第 1 页。

[2] 中共中央宣传部、中央国家安全委员会办公室编:《总体国家安全观学习纲要》，学习出版社、人民出版社 2022 年，第 1—2 页。

全国人民代表大会常务委员会第十五次会议通过《中华人民共和国国家安全法》，并将每年4月15日确定为全民国家安全教育日；从2018年4月十九届中央国家安全委员会第一次会议进一步阐述总体国家安全观、提出一系列重大论断，到2020年10月党的十九届五中全会强调，牢牢守住安全发展底线、首次把统筹发展和安全纳入"十四五"时期我国经济社会发展的指导思想；从2020年12月十九届中央政治局第二十六次集体学习全面系统阐述总体国家安全观并提出新时代国家安全工作的总体目标和"十个坚持"的工作要求，到2021年11月党的十九届六中全会审议通过的《中共中央关于党的百年奋斗重大成就和历史经验的决议》系统总结了新时代维护国家安全取得的重大成就和宝贵经验，总体国家安全观内涵在不断丰富发展，推动维护国家安全全面夯实，形成全领域全方位全纵深推进国家安全战略有效落实落地的战略格局。

习近平总书记在中央国家安全委员会第一次会议上首次提出"总体国家安全观"。面对来自外部的各种围堵、打压、捣乱、颠覆活动，习近平总书记深刻指出："必须发扬不信邪、不怕鬼的精神，同企图颠覆中国共产党领导和我国社会主义制度、企图迟滞甚至阻断中华民族伟大复兴进程的一切势力斗争到底，一味退让只能换来得寸进尺的霸凌，委曲求全只能招致更为屈辱的境况。"[1]在领导全党全国人民进行具有许多新的历史特点的伟大斗

---

1 《中共中央关于党的百年奋斗重大成就和历史经验的决议》，《人民日报》2021年11月17日。

争中，习近平总书记以"我将无我，不负人民"的领袖情怀，应时代之变迁、立时代之潮头、发时代之先声，提出一系列具有原创意义的新理念、新思想、新论断，为创立和发展总体国家安全观发挥了决定性作用、作出了决定性贡献。总体国家安全观，秉承马克思主义政党本色，彰显强烈使命担当、鲜明人民立场、深沉忧患意识、宏大战略思维、卓越创新精神，集中反映了习近平总书记深邃的政治智慧、非凡的斗争艺术、杰出的领导才能，立起了新时代中国共产党人做好国家安全工作的根本遵循，是新时代维护国家安全的制胜之道。

这一总体国家安全观，彰显了我们党坚定维护国家安全的钢铁意志。新中国成立后，我们党坚持独立自主、自力更生，坚定维护政治安全与主权安全，将保卫新生的人民民主政权，维护国家独立、主权和领土完整作为国家安全工作的首要任务，战胜了帝国主义、霸权主义的侵略、破坏和武装挑衅，胜利保卫祖国边疆，独立研制出"两弹一星"，恢复我国在联合国的一切合法权利，坚决排除各种干扰，有力应剧变、平风波、稳边疆、战洪水、防疫情、抗地震、化危机，战胜了一切可以预见和难以预见的风险挑战。

这一总体国家安全观，是马克思主义国家安全理论中国化的最新成果，标志着我们党对国家安全基本规律的认识达到了新高度。坚持以战略思维、系统思维、底线思维抓安全保安全强安全，体现"全"的政治属性，强调推动安全全领域覆盖、全过程管控、全要素用力，让党政军民学的各层级全面参与，让党的各项工作和建设全维联动，让政治、军事、国土、经济、金融等各条战线全部落实，形成全社会、全政府、全体系、全手段应对重大国家安全风险挑战的局面；体现"统"的领导方法，强调统筹发展和安全、开放和安全、传统安全和非传统安全、自身安全和共同安全、维护国家安全和塑造国家安全，着力解决发展不平衡不充分的问题；体现"恒"的实践特质，强调持之以恒、日长月恒、安全永恒，持续抓实"十个坚持"，走中国特色的安全发展道路，不断提高国家安全治理体系的现代化水平。

这一总体国家安全观，体现了中华优秀传统文化的特质。中华民族的重大历史进步也多是在艰难困苦中历练取得的。总体国家安全观正是建立在中华优秀传统文化和古老文明沃土基础上，像"安而不忘危，存而不忘亡，治而不忘乱"的忧患思想、"民惟邦本，本固邦宁"的民本思想、"和衷共济""和合共生"的和平思想、"亲仁善邻，国之宝也"的睦邻思想等，都为总体国家安全观的形成提供了丰厚的思想滋养。

在以习近平同志为核心的党中央的坚强领导下，在总体国家安全观的科学指导下，新时代国家安全工作取得历史性成就。国家安全工作实现了分散到集中、迟缓到高效、被动到主动的历史性变革，党对国家安全的集中统一领导全面加强。国家安全体系基本形成，国家安全能力显著提升，人民防线不断巩固，全民国家安全意识显著增强；坚定维护政权安全、制度安全、意识形态安全，顶住和反击外部极端打压遏制，推动香港局势实现由乱到治的重大转折，深入开展涉台、涉疆、涉藏、涉海等斗争，稳步推进兴边富民、稳边固边，妥善处置周边安全风险，反渗透反恐怖反分裂斗争卓有成效；把安全发展贯穿国家发展各领域全过程，防控经济金融风险、关键核心技术攻关取得重要进展，扫黑除恶专项斗争取得重大胜利，生态环境保护发生历史性全局性的重大转折；妥善应对重大自然灾害，统筹疫情防控和经济社会发展，网络、数据、人工智能、生物、太空、深海、极地等新型领域安全能力持续增强；有力应对海外利益风险挑战，国家主权、安全、发展利益得到全面维护，社会大局保持长期稳定，我国成为世界上最有安全感的国家之一。[1]

新时代以来，面对世界百年未有之大变局，我国国家安全形势发生重大变化。安天下者必以天下安为己任，洞世界之风云，观国际之大势，察全球之变幻，谋天下之太平。从国际看，世界百年未有之大变局加速演进，国际环境日趋错综复杂，不安全苗头暗流涌动：

国际形势的不稳定性不确定性明显增加，新冠肺炎疫情大流行影响广泛深远，经济全球化遭遇逆流，民粹主义、排外主义抬头，单边主义、保护主义、霸权主义对世界和平与发展构成威胁，国际经济、科技、文化、安全、政治等格局都在发生深刻复杂变化。[2]

新冠疫情大流行，令全球安全形势不断恶化，一些西方国家特别是美国因疫情控制不力，一直是全球疫情大流行、大传染、大肆虐的最大集散地，也一直是全球经济大衰退、矛盾大激化、

1　中共中央宣传部、中央国家安全委员会办公室编：《总体国家安全观学习纲要》，学习出版社、人民出版社 2022 年，第 6 页。
2　习近平：《新发展阶段贯彻新发展理念必然要求构建新发展格局》，《求是》2022 年第 17 期。

社会大动荡的"领头羊"，大国优先的失落导致其惶恐加剧，强权霸权的"旁落"导致其焦虑升温，经济地位的衰落导致其气急败坏，狂躁急躁、忧虑焦虑、担心揪心等多种情绪叠加放大、持续膨胀，美国的不安情绪令世界安全形势充满变数。

重挫重压、自顾不暇的美国，自我在迷失、目标在迷失、方向在迷失，为扭转其本土主战场上的败局、转移民众视线，其把矛头焦点直接指向中国，通过歇斯底里地挤压我国，企图从中找到转移矛盾的排溢口，从多次对我国发起贸易战到动辄对中国企业无端制裁，从拉拢北约及盟友"围堵"中国到反复利用台湾问题、西藏问题、新疆问题、香港问题，频频制造事端、频频发难使绊、频频找碴生事，使我国建设发展面临着多重安全威胁。

特别自 2022 年以来，百年变局和世纪疫情相互交织，俄乌冲突的爆发猝不及防、火上浇油，高度恐惧、过度担忧、极度不安迅速在全球传导，在渲染鼓噪中剧烈共振、相互驱动、聚变裂变，酿成粮食危机、能源危机、卫生危机、金融危机、社会危机、治理危机、发展危机……这些危机竞相呈现、联动策应、不断提速，变局乱局一触即发。

当今世界，不安全阴霾在全球上空飘积笼罩，驱除阴霾、促进安全、唱响和平、共赢发展成为全世界的共同声音。

当下的中国，深刻领悟"两个确立"的决定性意义，增强"四个意识"、坚定"四个自信"、做到"两个维护"，在全社会形成高度自觉，疫情遏制、民心归依、经济复苏、势头正盛，在确保绝对安全下发展成为中华民族的共同心声。

面对国际、国内安全形势的深刻变化，在实现第二个百年奋斗目标的历史进程中，习近平总书记再一次向全党发出了"我们必须增强忧患意识、始终居安思危，贯彻总体国家安全观，统筹发展和安全"[1]的时代警醒，提出"铭记生于忧患、死于安乐，常怀远虑、居安思危"[2]的时代要求，作出"保障粮食安全、能源资源安全、产业链供应链安全""防范化解经济金融领域风险""构建互利共赢、多元平衡、安全高效的开放型经济体系""我国经济迈上更高质量、更有效率、更加公平、更可持续、更为安全的发展之路"[3]的战略部署。习近平总书记的这些重要论述，连同他过去的一系列相关重要指示要求，是对马克思主义国家安全理论的重大丰富发展，是党领导人民战胜一系列重大风险考验宝贵经验的历史结晶，是指导我们科学统筹安全与发展、始终赢得战略主动的强大思想武器，成为确保党和国家的事业兴旺发达、长治久安的"压舱石"。

"备豫不虞，为国常道。"对党的事业来讲，安全与发展如一体之两翼、驱动之双轮，统筹安全与发展这两件大事，关系着民族之复兴、国家之繁荣、经济之发展、政党之强大。安全是发展的前提，任何一个领域出现安全隐患，都在危害国家根本利益；发展是安全的保障，只有有力维护安全屏障的发展才会一马平川，两者同频共振才能造就我国强劲有力的发展大势。

---

1 习近平：《习近平谈治国理政》第四卷，外文出版社 2022 年，第 12 页。
2 《中共中央关于党的百年奋斗重大成就和历史经验的决议》，人民出版社 2021 年，第 73 页。
3 《中共中央关于党的百年奋斗重大成就和历史经验的决议》，人民出版社 2021 年，第 35、36、38 页。

"明者因时而变，知者随事而制。"不论国际形势如何变幻，我们必须始终保持战略定力、战略自信、战略耐心，坚持以人民安全为宗旨，以政治安全为根本，以经济安全为基础，以军事、文化、社会安全为保障，以促进国际安全为依托，走出一条中国特色国家安全道路。坚持外部安全与内部安全并重，国土安全与国民安全并济，传统安全与非传统安全并推，安全与发展并进，自身安全与共同安全并顾，形成多元多样多头有效管控的工作格局。坚持立足国际秩序的大变局来把握，立足防范安全风险的大前提来统筹，立足我国发展重要战略机遇期的大背景来谋划，全局谋篇布局，强化底线思维，深入分析、全面权衡，善于从眼前的危机和困难中捕捉创造机遇。只有准确识变、科学应变、主动求变，决策运筹方能如臂使指，并能在应对抗击重大风险中创造出重大机遇，牢牢掌握维护国家安全的战略主动。

新时代以来，面对中华民族伟大复兴战略全局和世界百年未有之大变局深度交融演进的复杂形势，面对国际经济持续低迷、新冠疫情持续肆虐、贫富分化持续加剧、恐怖袭击持续频发、能源资源持续紧张等诸多安全威胁此消彼长，面对民粹主义思潮在美欧抬头、西方政坛"黑天鹅"事件不断增多、"逆全球化"风潮迭起，内顾、保守、排外的思想正在国际蔓延，国际安全形势进入动荡多变、纷繁复杂的震荡期，我国面临的安全压力前所未有。

从国内看，我国社会主要矛盾发生重大变化，在解决人民温饱、全面建成小康社会后，人民生活水平大幅提高，人民更加渴望过上更高品质的生活，更加憧憬人的全面发展和共同富裕，满足诸如富强、民主、文明、和谐、美丽的高层次需要的难度远大于满足物质文化需要，越是发展起来后面临的矛盾问题解决起来越是困难更大、安全压力也在倍增。

从外部看，国际力量对比深刻调整，世界格局变革、世界秩序重构表明整个世界都在大变动大发展中流转更替，传统西方主导的国际关系加速演变，国际争端不断激烈，治理赤字、信任赤字、和平赤字、发展赤字对世界的困扰日益加剧，贫富分化、恐怖主义、气候变化与单边主义、保护主义、霸权主义等问题层出不穷，加速着整个世界的变动转型，对世界和平与发展构成严重威胁。

从长远看，进入新发展阶段，团结带领全国各族人民为全面建成社会主义现代化强国、实现第二个百年奋斗目标，以中国式现代化全面推进中华民族伟大复兴而奋斗，任务异常艰巨繁重。诸多影响制约我国经济发展的突出问题正严峻地摆在我们面前，涉及高科技领域被西方发达国家"卡脖子"问题、区域板块分化重组问题、人口跨区域加快转移、能源体系和生产生活体系向绿色低碳转型压力增大等诸多方面，特别是人口大国粮食安全保障难、能源需求大国供给难、生产制造大国产业安全维护难、生物多元多样大国生物安全维系难、金融大国金融风险管控难、文化文明大国文化安全防御难等。

"智者虑事，虽处利地，必思所以害；虽处害地，必思所以利。"同形势任务要求相比，我国目前仍存在维护国家安全能力不足、应对各种重大风险能力不强、维护国家安全统筹协调机制不健全等问题，破解这些问题，难度超乎想象，破障前行任重道远。迫切需要我们坚持问题导向在先、强化安全预警在前，统筹安全发展在先、主动管控风险在前，秉纲执本防范在先、重点突破化解在前，全面分析了解我国发展面临的不可控因素有哪些、容易引发安全问题的"易爆点"在哪里、新特征新要求是什么、新矛盾新挑战来自什么、应对措施办法靠什么……对这些都应前置做好预测研判和应对准备；迫切需要我们突出在提高发展质量、壮大发展优势上下功夫，以敢于斗争、善于斗争的勇气，以逢山开道、遇水架桥的战力，以化险为夷、转危为机的方略，管控好安全风险，让发展在安全的环境中平稳向前，确保党的事业"任凭风浪起，稳坐钓鱼船"。

坚持放眼全局，着眼发展。越是深入改革开放、越要统筹好发展与安全。我们应始终胸怀"国之大者"，深入研究我国社会主要矛盾变化的新特征新要求，深刻认识错综复杂国际环境的新矛盾、新挑战，健全开放安全保障体系，构筑与更高开放水平相匹配的监管和风险防控体系，健全产业损害预警体系，丰富贸易调整援助和救济等政策工具，妥善应对经贸摩擦。

坚持聚焦重点，抓纲带目。目前，我国经济正处在转变发展方式、优化经济结构、转换增长动力攻关期，实现高质量发展还有许多短板弱项，解决制约高质量发展的问题成为首要重点，我们应将资源更多更有效聚焦，不断增强我国经济实力、科技实力、综合国力，全面提高捍卫国家主权、安全、发展利益的战略能力，实现更高水平、更高层次的安全。

坚持增强内功，防控内险。无论外部风云如何变幻，强化底线和危机意识这一条始终不能松，我们要注重堵漏洞、补弱项，有效化解各类风险挑战，确保党的事业顺利推进。针对不同类别风险分类施策，因势利导化险为夷、转危为机，增强自身竞争能力、开放监管能力、风险防控能力。我们要立足国内、补齐短板、多元保障、强化储备，抓住重要战略机遇期，增强发展内功，提高国际竞争力、国家综合实力和抵御风险能力，不断塑造有利于经济社会发展的安全环境。

时代是思想之母，实践是理论之源。广大青年是我们伟大祖国的未来和希望，我们深知"青年兴则国家兴，青年强则国家强"[1]，更深知"世界是你们的，也是我们的，但是归根结底是你们的。你们青年人朝气蓬勃，正在兴旺时期，好像早晨八九点钟的太阳。希望寄托在你们身上"[2]。现在，历史接力棒已传到新时代青年手中，时代号角在催征，党和人民在为我们壮歌以行。乘新时代东风，广大青年应带头学懂弄通做实习近平新时代中国特色社会主义思想，深入学习领会总体国家安全观的重大意义、核心要义、精神实质、丰富内涵、实践要求，更加自觉用总体国家安全观指导洞察纷繁复杂国家安全形势，提高应对风险挑战能力，切实把学习成效体现到坚决维护国家主权、安全、发展利益的实践中，在思想上政治上行动上同以习近平同志为核心的党中央保持高度一致。坚持在走中国特色的国家安全发展道路中汇聚做中国人的决决"三气"，常怀远虑、居安思危、砥砺奋进、攻坚克难，始终咬定实现中华民族伟大复兴的志气不放、坚定逐

1　习近平：《论党的青年工作》，中央文献出版社 2022 年，第 146 页。
2　《毛泽东年谱（一九四九——九七六）》第三卷，中央文献出版社 2013 年，第 248 页。

梦追梦圆梦永续奋斗的骨气不松、铆住直挂云帆济沧海的底气不懈,不忘来时艰辛路、锚定当下奋进路、开创未来锦绣路,越是艰难越奋进,越是困难越向前,让青春在夺取全面建设社会主义现代化国家新胜利、实现中华民族伟大复兴的征程中释放璀璨光芒。我们深信:在总体国家安全观指引保障下,中国特色社会主义道路必将越走越宽广,新时代国家安全事业前景无限光明。

"问题是时代的声音,回答并指导解决问题是理论的根本任务。"[1] 为帮助广大青年树立正确宏大的国家安全观,更好投身新时代经济社会建设发展的巨大洪流,笔者着眼当前社会最关注、最现实、最紧迫的若干重大安全问题,围绕粮食、能源、产业、生物、生态、金融、文化等领域,分别展开理论论证和实证研究,《产安天下》是阐释我国产业安全战略问题的作品。

1　习近平:《高举中国特色社会主义伟大旗帜 为全面建设社会主义现代化国家而团结奋斗——在中国共产党第二十次全国代表大会上的报告(2022年10月16日)》,《人民日报》2022年10月26日。

目　录

引 言

产业是国民经济发展的根本依托，是国家繁荣的根本依靠，是人民生活改善的根本承载，是社会长治久安的根本支撑。因之，产业兴则国力盛，产业衰则国力弱。产业在国家安全和经济发展所处的无可替代的特殊地位，使世界各国将维护产业安全上升到事关国家安全、经济安全的突出位置。对我国来讲，唯有持续强固产业安全基础，方能不断筑牢生存发展屏障、打造幸福美好生活港湾、铺就中国式现代化蓝图、推进中华民族复兴伟业。

党的十八大以来，以习近平同志为核心的党中央始终高度重视我国产业发展、保障产业安全，特别是自2018年以来，面对全球经济增长放缓与贸易保护主义叠加，经济全球化"开倒车""逆全球化"借势抬头、全球合作贸易规则失衡，价值链分工遭遇严峻挑战、供应链受到严重冲击，少数发达国家产业链"去中国化"甚嚣尘上，我国产业安全风险形势更趋严峻。习近平总书记从统筹国内国际两个大局、发展安全两件大事的高度，就加强我国产业链供应链建设、维护产业安全等方面，作出一系列重要论述：

在推进产业链供应链建设上，习近平总书记深刻指出，"产业链环环相扣，一个环节阻滞，上下游企业都无法运转。区域之间要加强上下游产销对接，推动产业链各环节协同复工复产"[1]，突出强调"要着力打造自主可控、安全可靠的产业链、供应链，力争重要产品和供应渠道都至少有一个替代来源，形成必要的产业备份系统"[2]，明确要求"一是要拉长长板，巩固提升优势产业的国际领先地位，……二是要补齐短板，就是要在关系国家安全的领域和节点构建自主可控、安全可靠的国内生产供应体系，在关键时刻可以做到自我循环，确保在极端情况下经济正常运转"[3]，同时强调"要依托我国超大规模市场和完备产业体系，创造有利于新技术快速大规模应用和迭代升级的独特优势，加速科技成果向现实生产力转化，提升产业链水平，维护产业链安全"[4]。

在谈到自主创新时，习近平总书记突出强调，"我们必须坚定不移走自主创新道路，坚定信心、埋头苦干，突破关键核心技术，努力在关键领域实现自主可控，保障产业链供应链安全，增强我国科技应对国际风险挑战的能力"[5]，告诫我们"在引进高新技术上不能抱任何幻想，核心技术尤其是国防科技技术是花钱买

---

1 《习近平在统筹推进新冠肺炎疫情防控和经济社会发展工作部署会议上的讲话》，《人民日报》2020年2月24日。

2 习近平：《国家中长期经济社会发展战略若干重大问题》，《求是》2020年第21期。

3 习近平：《国家中长期经济社会发展战略若干重大问题》，《求是》2020年第21期。

4 习近平：《正确认识和把握中长期经济社会发展重大问题》，《求是》2021年第2期。

5 《习近平在中央政治局第二十四次集体学习时强调：深刻认识推进量子科技发展重大意义 加强量子科技发展战略谋划和系统布局》，《人民日报》2020年10月18日。

不来的。人家把核心技术当'定海神针'、'不二法器'，怎么可能提供给你呢？只有把核心技术掌握在自己手中，才能真正掌握竞争和发展的主动权，才能从根本上保障国家经济安全、国防安全和其他安全"[1]，明确要求"我们要全面研判世界科技创新和产业变革大势，既要重视不掉队问题，也要从国情出发确定跟进和突破策略，按照主动跟进、精心选择、有所为有所不为的方针，明确我国科技创新主攻方向和突破口"[2]。

在阐述新发展格局与产业安全关系时，习近平总书记深刻指出，"增强产业链供应链自主可控能力。产业链供应链安全稳定是构建新发展格局的基础"[3]，突出强调"要统筹推进补齐短板和锻造长板，针对产业薄弱环节，实施好关键核心技术攻关工程，尽快解决一批'卡脖子'问题，在产业优势领域精耕细作，搞出更多独门绝技"[4]，明确要求"要把需求牵引和供给创造有机结合起来，推进上中下游协同联动发展，强化生态环境、基础设施、公共服务共建共享，引导下游地区资金、技术、劳动密集型产业向中上游地区有序转移，留住产业链关键环节"[5]。

1 《提高自主创新能力是实施创新驱动发展的关键环节》，《论科技自立自强》，中央文献出版社 2023 年，第 16 页。
2 《习近平：加快实施创新驱动发展战略 加快推动经济发展方式转变》，《人民日报》2014 年 8 月 19 日。
3 《中央经济工作会议在北京举行 习近平李克强作重要讲话 栗战书汪洋王沪宁赵乐际韩正出席会议》，《人民日报》2020 年 12 月 19 日。
4 《中央经济工作会议在北京举行 习近平李克强作重要讲话 栗战书汪洋王沪宁赵乐际韩正出席会议》，《人民日报》2020 年 12 月 19 日。
5 《习近平在全面推动长江经济带发展座谈会上强调 贯彻落实党的十九届五中全会精神 推动长江经济带高质量发展》，《人民日报》2020 年 11 月 16 日。

上述这些重要论述，充分体现了以习近平同志为核心的党中央对当今世界发展大势、经济社会发展建设全局的精准把握，体现了新时代对保障产业安全、推动经济高质量发展的深邃思考和战略运筹，体现了推进中国式现代化、实现中华民族伟大复兴、坚定维护国家安全的坚强决心意志，为深化我国产业发展提供了强大思想武器、指明了前进方向，必将在强化国家安全战略、保障产业安全中永续发挥"定海神针"作用。

政治上的清醒源于理论上的坚定，更好学习贯彻习近平总书记的重要指示要求，必须从产业理论思想源头入手，从历史、时代、战略和全局上深入学习、全面研究、悉心领悟，以融会贯通促触类旁通。

第一章

贯通历史：产业安全理论回溯

安全是人类社会永恒的首要问题。当人类社会进入到产业成为影响国家生存和发展的阶段，产业安全也必然危及国家主权安全。冷战结束后，国家安全已从政治、军事等传统领域拓展到以经济安全为核心的新领域，其中，产业安全是经济安全的核心基础，也是世界各国制定产业政策、实行经济干预最重要考量。

一、产业安全的理论源头

产业安全思想最早可追溯到西方经济学家亚历山大·汉密尔顿提出的幼稚产业保护理论，在19世纪中叶由德国经济学家弗里德里希·李斯特加以系统化。他们从维护本国利益出发，提出了早期的产业协调、产业控制、产业竞争、产业发展等思想萌芽。马克思运用科学的世界观、认识论和方法论，对这些理论成果进行了深入研究、系统创新、丰富发展，缔造了产业安全理论体系。

产业协调思想

在现代经济学鼻祖亚当·斯密看来，劳动可分为生产性劳动与非生产性劳动，并且这两类劳动必须保持一定的比例关系。马克思沿着亚当·斯密的思路，以国民经济总量为研究对象，以社会总产品为出发点，创立了社会再生产理论，系统阐述社会总产品的总量均衡问题。[1]

马克思认为：从实物形态来看，社会总产品按其最终用途，可分为生产资料和消费资料两大类，与此相适应，社会生产便分为两大部类，一类为从事物质资料生产并创造物质产品部类，像农业、工业、建筑业等；另一类是不从事物质资料生产只提供非物质性服务部类，如科、教、文、卫等行业，同时，这两大部类间必然会建立起一种相互依存、相互制约的交换关系。为保证生产和消费的顺利进行，两大部类间必须保持一种合适的、协调的按比例运行关系，相应地，每个部类内各产业间也应保持这种关系，才能实现社会生产和再生产可持续发展，否则就会伤及产业安全。[2]

申而言之，马克思通过对两大部类的交换及结果和对简单再生产、扩大再生产的深入研究，进一步提出社会总供给与总需求均衡思想，强调这种均衡不仅是总量的平衡，也是结构的均衡。马克思认为，由于商品经济固有的矛盾，总供给与总需求存在失衡的可能性，一旦供求的失衡、总供给大于总需求成为常态并未能及时加以解决，就会直接导致经济危机，严重危及国家产业安全。[3]

---

1 ［德］马克思：《剩余价值学说史》第一卷，郭大力译，上海三联书店1951年，第247页。

2 ［德］马克思：《资本论》第一卷，郭大力、王亚南译，人民出版社1953年，第13页。

3 ［德］马克思：《资本论》第一卷，郭大力、王亚南译，人民出版社1953年，第624页。

马克思指出，产业发展依赖扩大再生产，扩大再生产离不开一定数量的货币积累与实物积累。他说："在一定的技术条件下，这个货币额或者足以增加正在执行职能的不变资本。"[1] "要使货币能够转化为生产资本的要素，这些要素必须是在市场上可以买到的商品。"[2] 这实质上就是强调货币积累和实物积累相适应并保持平衡关系，才能保证生产顺利进行和经济运行不致中断。

马克思强调，"在较长时间内取走劳动力和生产资料"的重工业部门与"不仅在一年间不断地或者多次地取走劳动力和生产资料，而且也提供生活资料和生产资料"的农业、轻工业部门之间要保持一个合理的比例关系，二者的规模大小应当匹配，否则就会严重影响农业、轻工业和重工业等生产部门的安全运行。[3] 十月革命后，苏联因没有妥善处理好不同周转时间的生产部门协调问题，国民经济发展始终处于不协调状态，最终导致产生严重的政治后果。新中国成立后一段时间内，也因对马克思产业协调理论认识不够，一味扩大重工业而忽视了农业和轻工业，导致产业比例严重失调，教训是深刻的。

马克思还认为：社会再生产是由生产、分配、交换、消费四个基本环节构成的，其中的任何环节出问题，都会牵一发而动全身，导致整个生产过程中断，促进各环节协同发展是社会再生

1　[德]马克思：《资本论》第一卷，郭大力、王亚南译，人民出版社1953年，第624—625页。

2　[德]马克思：《资本论》第一卷，郭大力、王亚南译，人民出版社1953年，第139—140页。

3　[德]马克思：《资本论》第一卷，郭大力、王亚南译，人民出版社1953年，第143页。

产过程顺利实现的基本底线。[1] 实际上，因社会再生产各环节环环相扣、相互影响，派生出产业链、供应链、价值链及上下游企业。从生产与消费关系看，生产决定着消费对象与方式，生产内容直接关系着消费者生活品质，而消费对生产具有反作用，消费是生产的终极追求，消费创造新的生产需要，若供需不匹配，产业链就易中断。从生产与分配关系看，生产决定分配，生产方式决定分配方式，分配对生产也具有反作用，分配方式直接影响产品质量和生产效能。从生产与交换关系看，交换的深度、广度与方式都是由生产发展和结构所决定的，交换的范围影响着生产规模和产品的价值实现。同时，社会再生产各环节间又具有传感性关联性交互性，其中的任何一个环节出现问题，都会影响整个生产过程实现和产品质量。因此，既强调环节完整、又需要衔接紧密，这是产业协调思想的又一重要体现。

产业控制思想

自 1825 年英国爆发第一次经济危机后，资本主义就一直饱受经济危机困扰。马克思通过剖析资本主义危机背后机理，得出惊人的结论：资本主义与经济危机如影随形、相伴而生，资本主义商品经济发展必然产生周期性的经济危机，其根源在于资本主义制度本身对剩余价值和超额剩余价值的追求，使得资本家会不

1　中共中央马克思恩格斯列宁斯大林著作编译局编译：《马克思恩格斯全集》第二卷，人民出版社 1957 年，第 610 页。

遗余力地发展生产，千方百计地扩大市场份额和生产大量商品，伴随其榨取最大利润无限增多，不断加剧着劳动者日益贫困、供给日益扩大、需求日益萎缩的趋势，造成因社会产品大量过剩，最终引爆经济危机。[1]

资本主义经济的最大威胁，就是长期伴随社会生产盲目无序扩张，周而复始地引发经济危机，也周而复始地危害产业安全。防止经济危机就必须加强产业控制，通过提前预置和计划调控，从而实现社会总劳动在国民经济各部门的合理分配。马克思认为，在理想社会，"劳动时间的社会的有计划的分配，调节着各种劳动职能同各种需要的适当的比例"[2]，唯有"联合起来的合作社按照总的计划组织全国生产，从而控制全国生产"，才能"制止资本主义生产下不可避免的经常的无政府状态和周期的痉挛现象"[3]，确保国民经济各部门顺利运行。

在资本主义生产形态下，往往通过改进技术、技术突破创新，特别是技术垄断来促进劳动生产率提高，以保证资本家在国内和国际上均能获得超额剩余价值，这就是资本家梦寐以求的超额利润。这好比一个工厂主采用了一种尚未普遍使用的新发明，他卖得比他的竞争者便宜，但仍然高于他的商品的个别价值出售，也就是说，他把他所使用的劳动的特别高的生产力作为剩余

---

1 中共中央马克思恩格斯列宁斯大林著作编译局编译：《马克思恩格斯全集》第三卷，人民出版社 1960 年，第 20 页。

2 中共中央马克思恩格斯列宁斯大林著作编译局编译：《马克思恩格斯选集》第二卷，人民出版社 1995 年，第 141 页。

3 中共中央马克思恩格斯列宁斯大林著作编译局编译：《马克思恩格斯全集》第十七卷，人民出版社 1963 年，第 362 页。

劳动来实现。因此，他实现了一个超额利润。

马克思生活的 19 世纪是科学技术飞速发展时代。他认为，发达国家之所以能够长期对落后国家实施产业控制，根源在于技术垄断，保证其源源不断地榨取超额利润，在世界经济体系中获取竞争优势。时至今日，这种不合理状态依旧没有改变，甚至还令西方发达国家始终稳居世界舞台中心，始终作为世界经济产业的主导者；反观不发达国家只能始终在外围徘徊，在国际金融、国际分工与生产、市场和技术领域始终遭受着发达国家的牵制凌辱。

马克思还发现，关税和自由贸易是资本主义实现产业控制的重要手段。发达资本主义国家大都仰仗过保护关税，早期的德国、法国以保护关税实现经济崛起，英国以保护关税开辟了帝国之路并成为早期资本主义强国，美国从经济十分落后到迅速富强起来，其秘诀也是这一招，因为"保护关税制度不仅可以有益于还在继续同封建制度作斗争的尚未充分发展的资本家阶级，而且也可以有益于像美国这样一个国家——它从未见过封建制度、但是已经达到势必从农业向工业过渡这一发展阶段——的新兴资本家阶级"[1]。这些老牌资本主义国家正是通过保护关税顺利完成工业革命，建立起强大的现代工业体系，最终垄断主宰着世界经济和国际贸易发展趋势，率先成为世界经济强国。

马克思还入木三分地指出关税制度的弊端：这既不是产业发展的常态，更不是经济运行的灵丹妙药，其最大弊端必将阻碍生

1　中共中央马克思恩格斯列宁斯大林著作编译局编译：《马克思恩格斯全集》第二十一卷，人民出版社 1965 年，第 419 页。

产力发展，引致工业停滞和衰退，因为保护关税"对于任何一个有希望获得成功而力求在世界市场上取得独立地位的国家都会变成不能忍受的镣铐"[1]。英国就很典型，其保护关税制度严重妨碍了英国打开他国市场，导致其慢慢失去先发优势而沦为落伍者。

时至今日，经济实力最强大的美国，一直采取着最极端的贸易保护主义政策。看世界史，美国从独立战争开始一直实行高关税政策保护国内产业，1824 年、1828 年和 1832 年几次颁布保护关税条例，限制英国廉价工业品输入美国，1867 年制定《羊毛与毛料税则》，对羊毛原料与毛纺织品进口都提高了税率，接着对其他纺织品、钢铁、铜、镍等也提高税率，并一起将关税保护这个"金娃娃"紧紧抱到了今天，从对外贸易采取双轨制到利用《反倾销法》《反补贴法》等法律手段，从利用配额手段对大宗商品保护到征收附加关税，从制造技术壁垒限制进口到频繁动用《美国贸易法》"201 条款""301 条款"，形成全球最不公平最不对称的产业安全保护路数，持续加剧着发达国家内部及发达国家和发展中国家间的贫富两极分化。看当下，前有特朗普政府罔顾经济自由主义精神，把保护关税政策玩得出神入化，动辄挥舞贸易制裁大棒，对凡是不听从美国的国家和公司，一律拿禁止进口或加征高额关税进行惩罚；今有拜登政府依然死死抱着贸易保护主义政策"神器"不放，依然在屡屡制造经济全球化逆流，依然在大肆发动着联合西方国家搞联合经济制裁那一套，完全违背世

1　中共中央马克思恩格斯列宁斯大林著作编译局编译：《马克思恩格斯全集》第二十一卷，人民出版社 1965 年，第 431 页。

界贸易组织（WTO）主旨和经济自由主义精神，不断搞乱世界经济和产业发展秩序。

产业竞争思想

马克思产业竞争思想源于其所创立的平均利润理论。其倡导持续推进技术创新，不断提高劳动生产率；强调以等量资本创造等量利润，让资本在自由竞争的市场机制下自由流动，不断提高产业竞争力；反对因暴利和垄断、因资本家间的盲斗和资金的无序流动，造成对产业发展的巨大冲击和损害，不断促进部门间和部门内、产业间和产业内的天然和谐，实现利润平均化。

在马克思看来，因商品经济条件和利益驱使，买方卖方之间必然会产生竞争，他指出："社会分工则使独立的商品生产者互相对立，他们不承认别的权威，只承认竞争的权威，只承认他们互相利益的压力加在他们身上的强制。"[1]他认为，只要有资本主义存在，竞争就永无止境，并进而阐述："竞争首先在一个部门内实现的，是使商品的各种不同的个别价值形成一个相同的市场价值和市场价格。"[2]并深刻指出，迫于竞争压力，资本家不断开展技术创新，更新固定资产，优化生产流程，价值由劳动时间决定的规律，既会使采用新方法的资本家感觉到，他必须低于商品

1　中共中央马克思恩格斯列宁斯大林著作编译局译：《马克思恩格斯全集》第二十三卷，人民出版社 1975 年，第 383 页。

2　中共中央马克思恩格斯列宁斯大林著作编译局编译：《马克思恩格斯选集》第二卷，人民出版社 1995 年，第 433 页。

的社会价值来出售自己的商品，又会作为竞争的强制规律，迫使着其不断搞技术创新。

在资本主义社会里，产业竞争是永恒的、常态的。"竞争的结果总是许多较小的资本家垮台，他们的资本一部分转入胜利者手中，一部分归于消灭"[1]，并不断地加速着资本积聚，创造出一个资本家打倒许多资本家、产业集中度不断提高、产业竞争力不断加剧的固定模式，并成为资产阶级经济的重要推动力。这是马克思对产业竞争本质的深刻揭示。

产业发展思想

马克思在社会再生产理论中，把社会再生产划分为简单再生产和扩大再生产，并将扩大再生产从外延到内涵上加以区分。马克思认为，在技术不断进步条件下扩大再生产，由于剩余价值不断转化、固定资本的不断追加、新的技术设备不断采用，在其他条件不变的情况下，生产资料的增长速度必然高于消费资料的增长速度并实现优先增长，扩大再生产才能顺利进行。[2]列宁对这一思想进行了丰富发展，提出生产资料生产优先于消费资料生产的思想。

在马克思看来，一国的产业发展，最根本的途径是大力推动科技进步、提高劳动生产率。他认为，影响劳动生产率主要包括劳动者平均熟练程度、科学发展水平及工艺应用程度、生产过程

---

1 中共中央马克思恩格斯列宁斯大林著作编译局编译：《马克思恩格斯选集》第二卷，人民出版社 1995 年，第 253 页。
2 ［德］马克思：《资本论》第二卷，郭大力、王亚南译，人民出版社 1953 年，第 156 页。

的社会结合、生产资料规模和效能及自然条件等因素，他特别强调，劳动生产力是随着科学和技术的不断进步而不断发展的，提出科学技术就是生产力的著名论断，指出"主要生产力，即人本身"[1]，揭示了掌握科学的人在生产力中起决定作用的真理认识。

马克思对产业协调、产业控制、产业竞争、产业发展的理论研究成果，点燃了世界各国产业理论研究者的思想火花，经过一代代研究者的探索，推动着产业安全理论日趋完善。

通常认为，在开放经济条件下，产业安全是指国家既能通过政策措施和制度安排有效防范化解产业链关键环节风险，保持并不断提升在重点产业链上的竞争力，又确保所属核心企业从产业链上下游资源到相关要素实现有效整合，从采购原材料、零部件到中间产品及最终产品再到最后的销售网络实现总体可控，从突发事件到不确定性风险实现自如应对，始终保证本国产业有足够的生存空间和可持续发展动能。

从内在本质看，产业安全是以没有任何危险为首要前提，以具备维护自身安全能力为根本基础，以不产生对本国国民经济损害为先决条件，以充分适应和抗拒环境变化、自然灾害、决策失误及国外产业冲击等因素不良影响为重要保证，以确保产业生存与发展所需的人力、物质、资金、信息、技术、市场、政策等要素为有力支撑，不断增强产业的适应力竞争力控制力。

从影响因素看，一般分为内部与外部两大类型，其中内部因素包括产业组织、产业结构、产业布局、产业政策与管理等方

1　转引自陈朋：《让人才第一资源充分涌流》，《光明日报》2022 年 12 月 5 日。

面；外部因素包括金融环境、生产要素环境、竞争环境及政策环境等方面。产业安全是内因与外因共同作用的有机体。外因是对内因起作用的条件，内因是起着根本决定作用的因素。考察产业安全，既应高度关注来自外部的各种影响与威胁，又应考量产业内部因素的调整与优化。

从范畴属性看，因受经济全球化发展和国际经济分工影响，产业安全从过去基于国内市场为主，演变为现在基于全球市场为主。因其高度关联国家主权安全和各国公民切身利益，从高度封闭时代走向高度开放条件，产业安全已深度嵌入国家属性和国民属性。因此，产业安全既不同于一般宏观经济保护的国家经济调节范畴，是由主权国家通过各种管制措施、促进经济良性发展的行为，又不同于贸易保护主义和封闭狭隘的国家民族主义，是在开放条件下以增强产业竞争力及外部环境保护来维护产业安全。

马克思产业安全理论，对我们深入贯彻总体国家安全观、保障产业安全、加快中国式现代化进程、支撑民族复兴伟业，有着巨大深刻的启迪价值：

必须始终瞄准全球价值链最高端，持续推进产业优化升级，在保持产业结构合理、产业要素协调发展前提下，加快产业发展和有序扩张，坚定走高质量发展之路。

必须始终瞄准世界科学技术最前沿，持续占领世界科学技术关键核心领域高地，坚决突破核心关键领域"卡脖子"瓶颈，建立起国际领先的产业优势和核心竞争力，坚定走自主创新、自主可控之路。

必须始终瞄准提高广大劳动者素质能力，牢牢抓住培养造就一批批杰出高端人才这一决定性因素，加快形成培养、使用、成长的锻造机制，造就"天下英才聚神州、万类霜天竞自由"的格局，坚定走人才托举产业之路。

二、产业"三链"的理论解构

马克思提出的产业安全思想，开创了产业安全的理论。从此，世界各国诸多经济和产业学家沿着马克思的研究脉络，相关研究风起云涌，体系不断完备、领域不断拓展、覆盖不断广泛。其中，最具代表性的就是把产业发展作为国家经济命脉和国家安全依托，从产业过程管控出发，提出一体打造产业链、供应链、价值链。

产业链理论由来与发展

产业链的思想源头，最早可追溯到经济学家亚当·斯密《国富论》关于劳动分工的论述，认为国民经济的发展和人民生活水平的提高，均依赖于技术进步与创新，亦即劳动生产率的提高，而社会分工是其根本源泉。[1]经济学家为赫·希曼于1958年在《经济发展战略》中最早提出产业链，认为生产一种产品会产生联系效应，催生一批"卫星行业"。[2]

1　［英］亚当·斯密：《国富论》，唐日松等译，华夏出版社 2004 年，第 7 页。
2　转引自王虎学：《马克思分工思想研究》，中央编译出版社 2012 年，第 297 页。

产业链这一思想萌芽在市场经济深入发展、信息化技术不断进步、社会分工和企业内部分工日益专业化市场化国际化的趋势下，被反复激活升华，形成不同认识流派。有的从产业关联性出发，提出产业链是产业依据前、后向关联性组合而成，反映技术和经济相互关系的网链状中间组织结构形态；有的以战略联盟视角，提出产业链是在一定区域范围内，同一产业不同部门间或不同产业部门中具有竞争优势或竞争潜力的企业和与其有关联的企业，以最终生产的产品及服务为桥梁，遵循一定的逻辑、时间、空间关系联结而成的企业间战略联盟关系链。有的从价值增值去认识，提出产业链是以价值增加和价值创造为导向，以追求效用最大化为目标，以理顺中间产品生产各环节间关系为重点，依据特定的逻辑关系和时空布局而形成链条式关联关系。

产业链这一思想延续到今天，理论体系相对完备。大众普遍认为：产业链是以企业为基本单位，以实现产品价值增值为主要目标，以满足消费者需求为鲜明导向，以提高终端产品及服务质量为现实追求，以实现产业链、供应链、价值链及上下游资源有序配置和协同发展为着力重点，以促进利润和效用最大化为核心任务，依照特定的逻辑关系和时空分布形成上下关联、动态发展的链状网络结构和完整链条，其要害在于保证供需关系合理平衡。构建稳定成熟的产业链，强调各个环节结构完整性、上下游需求动态匹配性、生产规模适度性。

从形成过程看，打造完整产业链应突出产业产品这条主线，贯通从原料和产品的供应商、制造商、分销商、零售商到最终消费者等所有经济主体这条主脉，连接从生产、流通到消费这条主链，把所有参与主体和经济活动的一切要素全面融合流动起来，形成全体系、全过程、全要素、全流程联动一体的大链条。近年来，全球产业链已成为主导世界经济的"总引擎"，引导着全球生产者在生产链序列过程中不断增强附加价值，以中间品形式向着下一个生产者传递，经过多阶段生产和多次跨境交易，最后到达终极需求者，促成全球乃至一国内的大量中间品贸易，让生产过程碎片化、分散化的产业时代一去不复返。据统计：全球贸易中近 2/3 属于中间品贸易。[1]

从安全要求看，产业链安全可分为国家宏观和行业企业中观两个层面。其中，前者突出从国家层面通过政策设计和制度安排有效防范化解产业链关键环节风险，着力打通不同区域、不同层次专业的边界限制和循环壁垒，推进区域产业链一体化，不断提升重点产业链的核心竞争力，确保体现国家力量的产业权益在国际竞争中得到有效保护和不受损害。后者强调具体行业对所属核心企业，坚持市场需求导向，通过有效整合产业链上下游资源和关键要素，强化产业部门间的联合集结、专业间的分工协同，前置消除发展过程中不确定性因素的影响，提高产业溢出效应，拓展重点产业的生存空间和可持续发展的安全状态，提高产业安全抵御能力。从实际情况看，当前影响产业链安全的主要因素有：

外商投资可能诱使东道国对国外关键技术依存度增大、对关键产业链掌控减弱。特别是外商利用资金实力、核心技术、关键

1　转引自许雪晨、田侃、倪红福：《汇率传递效应研究：基于全球价值链的视角》，《财贸与经济》2021 年第 3 期。

工艺、无形资产和先进管理等经营资源优势，通过兼并收购及投资方式对产业链上下游进行一体化控制，通过核心技术封锁和研发创新战略隔绝阻滞东道国企业向全球价值链高端发展，通过品牌运营占领市场份额加剧不良竞争，通过资本动作和集中垄断引发产业结构失衡，压缩东道国产业成长发展空间，尤其在突发情况下若出现外资撤退，可能诱发需求中继、产业失序危险。

国际贸易可能导致产业不稳定性增大、潜在安全风险上升。在经济全球化时代，产业链早已突破国界，国际贸易对产业链安全影响已成为各方关注的重点。通常情况下，国际贸易在中间产品进口上对企业生存产生着正向影响，有利于企业降低生产成本、促进研发创新、提高竞争力。但一旦出现像某些世界大国搞极端贸易保护主义，动辄挥舞制裁"大棒"，动辄加征高额关税，动辄发起贸易战，若出现类似情况，产业安全风险就难以管控，实现战略反转难上加难。

产业核心竞争力缺失可能导致相关产品被市场挤压出局、远离中心。产业链安全程度最终取决于产业核心竞争力强度、技术创新能力、市场竞争力等，如一国某一产业链国际竞争力差，国外产品就可能乘虚而入，直接占领本国同类产品市场份额，严重挤压本国产业链上下游企业市场空间，尤其对技术更新迭代快的高技术产业，一旦失去技术领先优势，必然就会被市场淘汰，将产业发展永远锁定在低端底层。

外部政策调控抑制冲击和阻滞迟滞产业发展。产业链发展离不开从政策层面营造健康产业生态环境。一国及贸易国产业发展和贸易政策，在顺境状态下，对产业发展有如"指挥棒""催化剂",像美国、日本和韩国集成电路产业发展崛起时,相关政策起到的是引导扶持作用——既保证了产业链安全,又建立起了先发竞争优势。相反,"逆全球化"贸易干预政策,会成为葬送产业安全的"重磅炸弹",像美国不时将我国高科技产业链上的重点企业纳入"实体清单",搞所谓的关键技术和产业产品出口管制、提高关税、限制人才交流和留学生召回、抑制高新技术扩散等针对政策,这些险恶用心就是妄图拖垮我国高科技产业、迟滞产业发展、制造安全威胁。

产业链是国家经济安全的关键基础,搞好安全科学评估、构建产业安全预警机制,是防患于未然不可或缺的。通过借助行业专家、企业家和技术专家,全面梳理评价从产业链到上下游关键环节风险,像半导体产业链,上游是材料、设备等,中游是集成电路设计(IC Design)、制造和封测,下游是应用等,还可根据研究颗粒度或政策需求来确定细分层级,以公司规模、市场份额、赛道内专利排名、注册资本、融资金额等为指标,根据其重要性赋予相应权重,采用大数据分析方法,筛选出代表性核心企业,必要时还可量化细化到第三、四级指标,形成安全评价指标体系和各级指标权重,以评估出产业链安全分值。

当前,产业链安全评价指标体系相对丰富。对企业安全性来讲,重在研判核心环节和关键风险。企业不仅首要考量产业链核心竞争力包括技术创新、产品盈利、市场竞争等方面的能力,还要考量核心技术、产业资本、对外依存度、外资控制率、人才保障、外部自然和政治环境、政策引导规制等相关因素,考量产业技术、规模经济、技术水平、产业结构等行业属性,对产业安全作出精准科学评判。

近年来，"逆全球化"回潮、贸易保护主义抬头、发达国家制造业回流、国际贸易摩擦加剧等因素，催发全球产业链重构提速，呈现趋势化新特征。

其一，近岸化。第二次世界大战结束后逐渐兴起的经济全球化浪潮，引导着发达国家将制造业和服务业离岸外包，向新兴国家和发展中国家转移，并形成普遍趋势。新冠疫情后，发达国家面对医疗防疫物资短缺实际，意识到制造业过度外包可能引发风险，于是一些发达国家就把制造业回流和掌控经济主权挂起钩来，推动产业生产向本国本土加快回流、国外产业加快回撤、海外布局加快收紧、跨境供应链条加快缩短，区域化布局提速换挡加快，以期应对因对外依赖性过高产业脆弱的风险、因供应链拉得过长外部冲击力强度过大的风险。诺贝尔经济学奖获得者斯蒂格利茨认为："当下的局势告诉我们，各国必须竭力在利用全球化与必要的自力更生之间取得更好的平衡。"[1] 目前，主要发达国家企业回流势头日渐强劲，美国自拜登上台后，在全球率先采取推动战略产业向美国集中、加快构建以美国为中心的"美洲内循环体系"、促进制造业回流、提高软件供应链安全性、构筑"小院高墙"、增强农产品贸易控制力等多项政策重组全球产业链。美国的"小跟班们"也正大肆推动本土企业生产环节迁回。

其二，分散化。面对前段时间全球疫情屡屡反复、难以压

1　张二震、戴翔：《全球产业链供应链调整新趋向及其对策》，《中国社会科学文摘》2023年第2期。

制，全球产业链风险竞相呈现，各国意识到"把鸡蛋放在一个篮子里"存在的安全风险，更加倾向于经济效益和安全可控并重，制定产品生产分散化、市场营销多样化、供应模式多元化的安全解决方案，通过增库存、降成本、重监测等方式来提高产业韧性，不断降低防范集中生产过高带来的潜藏风险。发达国家通常采取"中国 +1"或"中国 +X"的产业布局，将除美国外全球市场订单放在效率最高、配套最完善的中国生产，而将对美出口订单转移至东南亚等国家和地区生产。这方面，日本政府率先行动，从 108 万亿日元抗疫经济救助计划中拨出 2435 亿日元贷款，帮助本国企业将零部件生产线特别是高附加值产品制造转移至本土和亚洲、非洲等多个地区。[1] 通常情况下，全球供应链以何种速率、沿着哪个趋势变动，因行业属性而异，受生产成本、市场结构、国家产业战略等多重因素影响，也受制于技术进步约束。目前，许多跨国企业既不愿意放弃庞大国外市场和巨大发展机会，又不愿意承担关税成本上升压力，基于生产、运输、销售等综合成本考量，尝试形成多元化供应链布局。

其三，区域化。全球化的最大优势在于优化产业分工、实现优势互补。近年来，在"逆全球化"和贸易保护主义阴霾笼罩、世界贸易组织作用弱化的情况下，有关国家以国家安全为由对一些产业领域实施"断供""脱钩"等遏制手段，直接破坏全球产业链稳定，区域间经贸合作形成如火如荼之势。据统计，近年来

1　盛朝迅：《从产业政策到产业链政策："链时代"产业发展的战略选择》，《改革》2022 年第 2 期。

北美自由贸易区内部贸易增速达世界贸易的 1.5 倍。[1] 目前欧盟 27 国和亚太地区超过半数商品贸易在区域内进行。如美国、墨西哥、加拿大重新签署贸易协定，日本签订《全面与进步跨太平洋伙伴关系协定》（CPTPP），全球供应链出现了北美、欧盟、亚洲三足鼎立格局，形成由美国等发达国家从事研发和高端与中高端产品制造，中国等发展中国家从事中低端产品制造和组装加工，中东和俄罗斯等提供能源的"大三角"区域产业发展模式。

作为世界第一制造业大国和全球供应链的重要节点，中国产业链安全与经济全球化走势和供应链重构密切相关。近年来，主要经济体贸易冲突加剧，跨国公司和国内部分企业一些生产线迁出中国，作为"世界工厂"的中国受到一定冲击，但地位不会发生根本性动摇。

产业基础厚实优势不会改变。我国产业链发展，经历新中国成立初期以优先发展重工业、保障国防安全的区域布局到三线建设期以国防战备为中心、以工业交通和国防科技为基础的大规模基本建设布局；经历改革开放以后东部率先崛起到 20 世纪末以实施西部大开发、东北振兴、中部崛起等区域协调发展战略平衡；经历推动"一带一路"建设"走出去"的海外布局到构建"双循环"扩大内需的模式转型，产业总体对外依存度极大降低，自身产业根基深厚。

产业体系完备优势不会改变。经过多年自主发展，我国产业在嵌入全球价值链进程中，形成了体量超大、系统完整的产业

1　朴英姬：《深化中国对非投资合作的新动力与新思路》，《西亚非洲》2019 年第 5 期。

链，这是世界上其他国家无可比拟的。联合国工业发展组织数据显示：中国是全球唯一拥有全部工业门类的国家，22 个制造业大类行业增加值均居世界前列；世界 500 种主要工业品种，目前有约 220 种产品产量位居全球第一。[1] 健全完备的产业体系，极大增强了我国经济的巨大韧性，确保了对抗外界不可控因素冲击游刃有余、从容应对。

产业规模宏大优势不会改变。自改革开放特别是加入 WTO 以来，我国积极调整政策以适应国际贸易规则，不断加大开放力度、缩减"负面清单"，吸引全球优秀的跨国公司在中国设立工厂及研发部，使"中国制造"畅销全球。2009 年我国成为全球第一大货物出口国，2010 年又成为全球第一大制造国。到 2019 年末，中国制造业增加值高达 39019.60 亿美元，约占中国 GDP 总额的 27.20%。[2] 同时，中国数字经济规模庞大，位列世界第二，尤其是具有超大规模内需市场、巨大消费潜力、超强品牌优势和世界上最大规模中等收入水平群体等，这是我国抗拒产业安全风险的坚强依托。

供应链理论由来与发展

供应链（Supply Chain）的概念是在 20 世纪 80 年代提出的，而波特的价值链概念是目前可查询到的最为直接的来源。1985

---

1 《中国成为全世界唯一拥有全部工业门类国家》，《人民日报》（海外版）2019 年 9 月 21 日。
2 宁吉喆：《中国经济运行呈现十大亮点》，《求是》2020 年第 3 期。

年，美国学者迈克尔·波特（Michael Porter）在《竞争优势》一书中提出了价值链的概念，[1]以此为标志，企业组织生产经营和推进全球化生产开启新时代。

人们发现，随着社会分工日益深化，经济活动交易日趋频繁，相互依赖关系更加紧密，交易成本不断增加。诺贝尔经济学奖获得者道格拉斯·诺斯（Douglass C.North）指出：到20世纪70年代末，美国国民收入中有近50%属于交易费用。[2]企业家们通过对"纵向一体化"管理模式及"大而全，小而全"企业战略的深刻反思，提出"横向一体化"思维，认为只有整合企业外部资源并推进流程再造，才能取得竞争优势。90年代初，英国经济学家马丁·克里斯托弗（Martin Christopher）提出："市场上只有供应链而没有企业，……真正的竞争不是企业与企业之间的竞争，而是供应链和供应链之间的竞争。"[3]

20世纪80年代中期，经济学家侯利汉（Houlihan）提出供应链是由供应商、制造商、分销商、零售商、最终顾客等组成的系统，在这个系统内，物质从供应商向最终顾客流动。[4]90年代后，哈里森（Terry P. Harrison）基于价值网络角度，将供应链定义为采购原材料将它们转换为中间产品和成品、再将成品销售到用户的功能网链；[5]费希尔（Marshall L. Fisher）则认为，供应链是

1　王伟：《供应链概念的起源和发展研究》，《中国市场》2015年第2期。

2　丁俊发：《供应链再认识》，《全球化》2022年第4期。

3　赵述评、郭缤璐、张天元：《餐饮：标准化高歌》，《北京商报》2022年10月20日。

4　陈欣：《借助供应链服务体系实现钢材贸易高质量发展》，《中国商界》2022年第5期。

5　王刚、施新玲：《产业链、供应链、价值链概念探讨和发展水平提升路径研究》，《产业创新研究》2022年第8期。

由企业间供需关系形成的、上下游企业连接组成的链状结构或网络结构；[1]另一位经济学家伊文思（Alan W. Evans）则认为，供应链管理是通过前馈的信息流和反馈的物料流及信息流，将供应商、制造商、分销商、零售商，直到最终用户连成一个整体的模式。[2]我国知名经济学家吴敬琏则指出，最近 30 多年来，全球制造业、流通业、农业发生革命性的变化，这种变化的核心内容是由于分工高度精细和信息网络技术迅猛发展，使企业之间的竞争演变为供应链间的竞争，也使许多企业从单个企业生产和销售活动的组织者演变为链条的组织者和集成商。[3]1998 年美国物流管理协会将物流定义为供应链活动的一部分，据此，美国麻省理工学院教授、管理学家迈克尔·哈默（Michael Hammer）提出，供应链是 21 世纪最后一块未被开发的商业金矿。[4]

综合各方理论实践成果，通常认为，供应链是以不同层级消费群体需求为导向，以提高质量和高效率为目标，以实现产品设计、采购、生产、销售、服务等全过程高效协同的组织方式、商业运作模式、管控治理方式为手段，以融合物流、资金流、信息流、工作流为载体，以畅通从原料采购、产品生产到物流运输、抵达终端供给全过程为路径，以促进上游供应商、制造商和下游分销商、批发商、零售商及最终用户上下联动、左右协调、前后

1　王刚、施新玲：《产业链、供应链、价值链概念探讨和发展水平提升路径研究》，《产业创新研究》2022 年第 8 期。

2　丁俊发：《供应链再认识》，《全球化》2022 年第 4 期。

3　何德旭、汪红驹：《"十四五"时期中国经济发展的新变化、新挑战》，《财经智库》2021 年第 6 期。

4　丁俊发：《供应链再认识》，《全球化》2022 年第 4 期。

贯通、功能完备为重点，确保把最好的产品按正确的时间、确定的数量、完美的质量和最佳的状态送到指定地点，实现总成本和总供应最佳化。从本质上看，供应链既是一条连接供应商到用户的物料链增值链，又是一条由人力物力财力汇聚核心业务的经营链，还是一条企业核心竞争力的培育链。进入新时代，面对数字化、绿色化、低碳化成为全球产业发展的新趋势，产业格局也从企业微观层走向城市中观层再升级到国家战略宏观层，成为国家竞争力的重要标志。

供应链从特性、功能、价值看，可区分为扩张型和收缩型、经济型和安全型、企业型和国家型、传统型和数智型等类型。从运作模式看，可区分为企业、城市与区域、国家等层次，其中，企业是基础，城市与区域是重点，国家是核心，全球是追求。

从企业层看，企业作为支撑国民经济发展的细胞和构建供应链实践的原点、管理创新的基点、延伸发展的起点，推进供应链优化是企业发展的必由之路和必然选择。

从产业层看，以打造供应链为切入点，从产品研发、战略资源、金融资本到制造生产、销售与服务市场到全维度一体化布局，建立形成优势产业的"微笑曲线"。

从城市与区域层看，以打造智慧城市为切入点，以生产要素、投资、创新和富裕为导向，促进商流、物流、信息流、资金流、人流的最优组合，以期实现发展模式、产业结构、空间布局、技术手段、运作流程的最佳呈现。深圳是我国第一个提出物流业是城市主要产业的，通过率先打造物流中心，带动了城市整体发展。

从国家层面看，以美国为例，美国基于所谓的"帝国木桶理论"，以先后颁发的《美国全球供应链国家安全战略》《供应链安全战略》《2021美国战略与竞争法》《美国供应链行政令》等政策法规为保障，实现对全球供应链中工业、科技、金融、军事、文化五大板块的超强整合，摆脱了世界史上的三次经济危机，并在三次产业革命中领世界之先，在整合全球资源中打造出国家产业发展的核心竞争力。这也体现了产业立场决定国家立场。

对中国而言，党的十九届五中全会提出"提升产业链供应链现代化水平"，并强调"实行高水平对外开放，开拓合作共赢新局面""加强国际产业安全合作，形成具有更强创新力、更高附加值、更安全可靠的产业链供应链"。打造好供应链这一"金矿"，关键在于整合内外资源，深化价值链协作，推进功能集成、流程优化、业务协同，促进供应链与互联网深度融合，实现对上下游客户纵向与横向一体化保障，着力缩短产品生命周期，加快占领市场，在系统最优化上实现多赢，最终形成更加高效、智能、人性化的供应链生态圈。

在供应链体系中，物流是最重要的构成部分。物流和供应链从个人到家庭、从企业到产业、从城市到农村、从区域到国家，谁都离不开它们。从本质上看，供应链是对物流管理深度、广度的延伸扩展，在赋予其联系企业内和企业间功能后，经商业过程实现商业模式、商业流程、物流活动和商流、资金流、信息流的高效管理和综合集成。理想的供应链管理模式是生产企业和物流企业形成长期稳定的伙伴关系，即打造从原材料采购、生产制造、成本交付到维修回收一体化标准流程，形成从包装、运输、搬运、装卸、仓储、货贷、流通、加工配送、信息处理的完整闭环，构建拥有基础设施、装备技术、商业服务、行政管理的完备现代物流体系。物流需要大量投入，体现的是硬实力；物流链本身也是个供应链，体现的是软实力。供应链作为经济与社会的一种组织形态，主要体现为资源整合力、流程优化力、功能集约力、降本贡献力、效率提升力相融合，最终展现为综合竞争力的形态。

世界因互联网而变，供应链也因物联网而变。供应链在嵌入互联网后，极大程度上改变了国家的经济、产业乃至城市、企业的发展方式，即从粗放型到集约型转变。物流链一旦融入供应链，必然推动资源整合、流程优化、集约运营向着更高更好层面发展。因为物联网有强大资源整合力，能够实现对产品与服务资源、物质与非物质资源、内部与外部资源的全面无边界整合。以海尔集团为例，其供应链的成功变革，是通过整合、再造、转型，打造出"一流三网"同步模式，推动端到端协同、可视、响应速度三维转型升级，从而实现供应链价值共同创造。其中，物联网的作用功不可没。首先，物联网凭借自身强大的功能集约力，通过计算机网络技术，全面规划供应链的商流、物流、信息流、资金流等，从而实现从计划到组织、协调到控制的一体畅通。其次，物联网自身拥有强大的产业融合力，美国物流咨询公司对物流融入供应链做了研究：若以第三方物流代替企业自营物流，可节约经营成本 5%；若对第三方物流网络优势进行资源整合，可节约经营成本 5%—10%；若对物流与供应链服务商进行企业流程重组，可节约经营成本 10%—20%。[1] 可以说，物流与产业的融合程度直接决定着降本增效的成效和供应链现代化水平的高低。

从底层逻辑看，供应链是由价值增值、企业关系、供给关系、空间组合等关系构建而成的，虽然看不见摸不着，但又是无处不在的交易体系和上下关联、不断发展、动态链状的网络结构形态。供应链通过资本、劳动力和生产在一定范围内流动，有效连接供给和需求，让我们日常生活的一点一滴都离不开它。全球化越发展，供应链范围越宽广，其连接力就越强大。出于扩展市场关联程度考量，强调联合集结、突破边界限制，强调产业前向后向联系、一体化构建，强调资源配置、流程优化和降本、增效、提质。

"谁统治了供应链，谁就统治了世界。"[2] 长期以来，发达国家都把建强供应链作为经济发展战略的着力重点，面向世界各国布局，力图建立从战略资源、金融资本到制造生产再到销售服务市场的全产业链，打造优势产业领域。历史上世界三次经济危机与三次产业革命，美国始终秉持安全高于一切和致力于工业、科技、军事、金融、文化产业"永远第一"的理念，以超强的全球供应链整合能力，始终占领世界产业强国"宝座"。2012 年，美国时任总统奥巴马曾提出，"美国全球供应链国家安全战略"，并阐述为"我们谋求加强全球供应链，以维护美国人民的福祉和

---

1 丁俊发：《流通业创新驱动发展十对策》，《中国流通经济》2013 年第 2 期。
2 ［美］帕拉格·康纳：《超级版图：全球供应链，超级城市与新商业文明的崛起》，崔传刚、周大昕译，中信出版社 2016 年。

利益，保障我国的经济繁荣"[1]。

中国是全球金融危机以来拉动全球经济发展的主要动力引擎，处于全球供应链重要位置。2017年《国务院办公厅关于积极推进供应链创新与应用的指导意见》中明确提出，供应链是引领全球化、提升竞争力的重要载体，"推进供应链全球布局，加强与伙伴国家和地区之间的合作共赢，有利于我国企业更深更广融入全球供给体系，推进'一带一路'建设落地，打造全球利益共同体和命运共同体"[2]。中国供应链，从未来发展方向看，主要包括：打造智慧物流和智慧供应链，从物流大国走向物流强国，建立完备高效的物流与供应链服务体系。

全球供应链受中美贸易战、新冠疫情、俄乌冲突多重因素深度叠加影响、加速演变，全球性供应链处在历史十字路口，我国供应链正面临着闯关过卡的重大考验。从应对安全风险考量，必须未雨绸缪，科学分析主要矛盾，找出有效解决办法，坚持战略策略以变制变，及时调整打法，确保胜券在握。党中央要求，利用信息网络等现代技术，推动生产、管理和营销模式变革，重塑产业链、供应链、价值链，改造提升传统动能，使之焕发新的生机和活力。[3] 在总体方略上，坚持经济性和安全性相结合，补齐短板、锻造长板，分行业做好供应链战略设计

---

1 丁俊发：《构建供应链模式下的经济命运共同体》，《供应链管理》2020年第1期。

2 《国务院办公厅关于积极推进供应链创新与应用的指导意见》（国办发〔2017〕84号），2017年10月13日。

3 《2016年3月5日李克强在第十二届全国人民代表大会第四次会议上的政府工作报告》，新华社北京2016年3月17日电。

和精准施策，形成具有更强创新力、更高附加值、更安全可靠的产业链供应链。[1] 在战略选择上，强调建立基于供应链的全球贸易新规则，提高中国在全球经济治理中的话语权，保障中国资源能源安全和产业安全。[2]

在大趋势下，我国应下大力气推进产业升级、消费升级、需求升级和结构重组，降低供应链的运营成本，提高安全韧性。推进技术创新，实现新旧动能转换，提高整个供应链附加值，形成中高端产品和服务，进而更好满足国内外市场需求；排查安全风险，突出节点企业、基础设施、循环枢纽、物流通道、目标市场等重点，诊断存在的风险和缺陷，使供应链更开放、更畅通、更安全、更具抗压能力；推进全程绿色，将绿色发展和循环经济理念融入整个供应链全过程，推进全链条绿色化升级，确保我国供应链枢纽地位不可动摇、难以逾越。

价值链理论由来与发展

1985 年，哈佛大学商学院教授迈克尔·波特在《竞争优势》中首次提出价值链。在另一本书《竞争战略》中他认为，每一个企业都是在设计、生产、销售、发送和辅助其产品的过程中进行种种活动的集合体，所有这些活动可以用一个价值链来表

1　《中华人民共和国国民经济和社会发展第十四个五年规划和 2035 年远景目标纲要》，新华社北京 2021 年 3 月 12 日电。

2　《国务院办公厅关于积极推进供应链创新与应用的指导意见》（国办发〔2017〕84 号），2017 年 10 月 13 日。

明，[1]并指出企业价值创造活动分为基本活动和辅助活动，其中基本活动主要包括进向物流、生产运作、出向物流、市场销售、售后服务等经济活动，辅助活动主要包括企业基础设施、人力资源管理、技术开发、采购等经济活动。[2]

波特还认为，企业的生产资料经过一连串生产加工和制造流程形成产品，再进入市场营销销售环节，通过一系列企业管理行为，将价值附着在产品上，完成价值增值。[3]当企业内部各业务单元发生联系时便构成企业价值链，当上下游关联企业相互联系时便构成行业价值链，当扩大到整个经济领域便构成国民经济价值链。价值链形成过程，实质上就是推动产业链向高附加值两端攀升、实现财富价值和利润更大创造的过程。[4]

价值活动是构筑竞争优势的基石。在产品实体价值链流转中，企业价值活动分为上游和下游两大环节，一般把材料供应、产品开发、生产运行称为上游环节，把成品储运、市场营销、售后服务称为下游环节。其中，产品是上游环节的中心，由技术性能所决定；顾客是下游环节的中心，能否抓住顾客需求取决于产品品质。

企业在价值链的诸多价值活动，真正创造价值的是那些形成长期优势甚至垄断优势的环节，包括产品开发、工艺设计、市场营销、信息技术、企业管理等。在日益激烈的市场竞争中，企业若想谋求一席之地，需要在经济活动的每个环节力求实现效益最

1　[美]迈克尔·波特:《竞争战略》，陈小悦译，华夏出版社 2005 年，第 15 页。
2　[美]迈克尔·波特:《竞争战略》，陈小悦译，华夏出版社 2005 年，第 17 页。
3　[美]迈克尔·波特:《竞争战略》，陈小悦译，华夏出版社 2005 年，第 17—18 页。
4　[美]迈克尔·波特:《竞争战略》，陈小悦译，华夏出版社 2005 年，第 21 页。

大化和创造价值增值，在反映市场需求、建立比较优势、发展规模经济等方面不断升级。近年来，产业学者基于国际上对价值链理论研究成果与信息化、模块化、产业组织、跨国公司、产业分工、比较优势等理论的有机结合，提出价值链的四种形态。

第一种，传统价值链。该价值链以单个企业内部价值活动为基础，以优化成本为动因，以促进价值链有效连接为导向，以增强企业产品差异化优势为目标，以精益方法转化、产品质量创造、目标成本控制、资源优化配置、关注上下游供应商和消费群体重点环节为重点，聚焦生产环节，贯穿经营活动全流程，从"点"上单个企业拓展到"线"上所有企业边界、从"面"上模块化价值链网状拓展到"体"上全球化价值链多维空间，进行全方位全过程的价值发掘。

第二种，虚拟价值链。该价值链以信息流为媒介，以虚拟市场空间为依托，以促进价值增值为导向，以收集、组织、选择、综合、传递等创造价值活动为支撑因素，以网络操作系统构建价值矩阵促进价值增值、企业成长、优势形成发展战略，在洞察业务流程、预测发展趋势、破解执行瓶颈的虚实结合、动态管理中激活价值增长点，推动价值链物理形态由线性变为网状。

第三种，模块价值链。该价值链以价值模块为基本单元，以价值模块配套企业为主要价值载体，以价值模块优化集成为主要增值手段，以传统线性价值链在网络状系统交互耦合中实现价值链最大限度地聚变递增，不断增强价值链核心竞争力。

第四种，全球价值链。该价值链以全球产业市场为战略基点，以参与全球市场分工为发展动能，以跨国公司生产网络为主要载体，以跨地域布局、优化各环节利润为主要导向，把价值创造嵌入区域生产、加工、销售和回收等跨国网络结构分工和区段价值增值中，推动从低端嵌入向高端升级中提升企业竞争力，实现价值外延拓展最大化。

全球价值链是经济全球化背景下的时代主脉，是以跨国性生产网络连接区域生产、加工、销售、回收等环节为鲜明特征，覆盖全球性价值生产、升级、分配和治理，反映国际经济贸易发展变化、国家与产业关系、相关利益方的协作协调、全球价值链战略变革等诸方面，受制于各国贸易地位、国家地域、民族文化、资源优势、产品特征、竞争能力、需求响应等诸多因素影响的整个过程。其中产业链供应链设计与执行决定着全球价值链重心维度，影响着国际贸易、国家产业及公司可持续发展的前途命运。

全球价值链是个开放的、复杂的、非线性的自组织系统。该过程以目标一致、功能齐备、结构合理、效益统筹、利益兼顾等为总原则，通过系统内和系统间的物质、能量和信息交换，带动参与的产业链供应链各类主体间及外部环境，建立相互依赖的动态平衡系统，形成总量、结构和速度适度配合的畅通循环，促进全球资源与实体经济可持续性最优配置，在市场、政府、企业、准市场组织、社会关系网络等有效聚合中，增强对抗外部冲击的自动调节能力，促进产业链供应链主体、全球价值链经济主体及政府行为可持续联动响应，提高参与链条上的核心企业、供应商及所有成员协同监管，强化权益、优化标准的综合效益，促进全球产业链供应链健康可持续发展。

全球价值链在参与国际产业分工中，主要承担研发者、生产者、自然资源提供者三种角色。其中，研发者多为具有研发创新优势而位于价值链上游的发达国家，生产者多为掌握核心技术、拥有制造优势的国家，自然资源提供者多为像俄罗斯、中东等资源禀赋较好、提供基础资源参与全球价值链的国家。通常，人均GDP越高的国家，价值链参与程度越高，价值链分工地位就越高。中国是全球价值链扩张过程中最大的受益者和贡献者。在全球价值链的参与度上，中国已超越美国、德国、日本等，成为全球第一的制造业大国，同时中国也成为全球价值链上的核心，既作为全球价值链上"世界工厂"的供应方，又作为"世界市场"的需求方，地位作用十分重要。

中国产业嵌入全球价值链体系经历了三个阶段：第一阶段是以改革开放为标志的快速发展启动期，该阶段中国通过全面实施出口导向战略、加速中国产业"走出去"，到21世纪第二个十年，中国已成为最重要的全球区域生产中心和参与度增长最快的国家，2017年全球参与度达62%，远高于美国的46%和日本的48%，[1]但相关产业仍多处于全球价值链下游。第二阶段是以提出"一带一路"倡议为标志的稳步发展开拓期，在这个阶段中国加强与周边沿线国家经济合作，在高水平利用外资的同时，优化工业贸易结构，淘汰过剩、落后产能，加大产业上游环节研发投资和进口替代，成为全球和区域生产中心、需求中心，向全球价值链上游发展。根据世界银行数据，2018年中国在全球价值链位置略低

1　李颖婷、崔晓敏：《亚洲产业链：现状、演变与发展趋势》，《国际经济评论》2021年第2期。

于40个主要开放经济体平均位置。[1]第三阶段是以应对经济全球化逆流和美国发动的贸易战为标志的相对收缩巩固期，中国依托基础设施较为完备、产业体系较为配套、国际市场销售渠道较为广泛、人口素质红利渐进释放、高速铁路和装备制造业具有竞争力等，新型比较优势如期形成，继续发挥在国际产业分工中贸易中心节点优势和枢纽地位，既有力挫败了以美国为代表的一些西方国家推行孤立主义、单边主义、保护主义的冲击破坏，又催化新一轮中国在全球价值链调整中的地位跃升。

这些年来，我国在全球价值链贸易与分工体系中"风景这边独好"，不但在"互联网泡沫"破裂时实现全球价值链贸易增长，而且在抵抗国际金融危机的冲击中实现经济逆势持续较高增长；这些不仅成为全球价值链贸易的最主要引擎，而且使得我国实现贸易结构更加优化、全球价值链国际贸易与分工体系更加合理，与周边国家和地区经济交往更加频繁，中国产业建立了国际比较优势和发展胜势，而西方发达国家主导的国际贸易体系则节节败退，更加鲜明地体现了中国特色社会主义制度的巨大优势和生机活力。

三、产业"三链"的内在关联

产业体系是由产业链、供应链、价值链融合构成。其中，供应链塑魂，贯通产业体系的总引擎；产业链植根，奠定产业体系

1　张灵、孙华平：《全球价值链视角下中国隐含碳贸易转移路径研究》，《经济研究参考》2022年第5期。

的总源头；价值链固本，锻造产业体系的总归宿。构建现代产业体系，必须突破产业边界，坚持一体构筑、一体布局、一体打造，实现"三链"无缝衔接、浑然天成。

"三链"内在关联

产业链、供应链、价值链彼此包含依托、相互支撑策应，构成产业闭合链路。从关联度看，产业链、供应链是价值链不同视角下的表现形式，供应链牵引产业链实现动态流动，价值链驱动供应链产业链实现升级、价值创造，并继而支撑构建上下游企业共同合作做强供应链、纵横交错贯通产业链。从契合度看，"三链"均表现为链状的网络结构形态，由链上不同环节、不同主体、不同要素等相互作用构成有机整体，经济全球化越发展，"三链"渗透联系越紧密。从价值度看，产业链是价值链和供应链形成、发展、实现的前提条件，供应链是通过对产业链生产的产品和服务传递给终端客户并传递、放大价值，供应链、产业链的健康有序运行、创造价值增值并形成价值链。捋清这些关系，产业理论就更具引领力指导力生命力，产业实践就更具前瞻性耦合性有效性。

"三链"相承相接、相互依存。供应链横跨产业链、贯穿价值链，其所包含的资源、信息及资金等要素流动于产业链，通过供应链联通输送，经叠加积累后最终凝结体现为价值链。产业链即为实体经济，是供应链依附的载体，离开产业链就如同离开生产和劳动，供应链、价值链就成了无源之水、无本之木。价值链是产业链与供应链的追求归宿，也是效率效益的承载呈现，唯其如此，方有财富创造、国富民强，才有国民收入初次分配、再分配和第三次分配。供应链的通畅和效率决定链上企业发展状态，产业链的完整和范围决定上下游企业供应的稳定，供应链产业链的融合度稳定性决定迈向全球价值链的地位、国际竞争的优势和国家产业的安全，这也是我们一再强调发展与夯实产业链、优化与创新供应链、培育与提升价值链之内核。

"三链"环环相扣、高度一体。供应链主要由原料供应商、产品制造商、分销商、零售商而连成，产业链主要由产业上下游关联企业而构成，价值链主要由不同生产流通的价值创造和价值增值环节而形成。产业链包含供应链，企业的核心竞争力主要体现为企业供应链的自建能力，龙头企业的形成主要取决于整合全球产业链资源能力，并以此打造获取最高利润的价值链。价值链是供应链竞争力的具体呈现，形成产业链需求变化牵引技术升级、技术升级推动产业变革、产业变革促进价值增值的良性循环，直接体现为成本降低、价值提升、优势增强。从经济学角度看，"三链"因产业分工而形成，因生产循环而贯通，当这种生产循环局限于一国则形成国内价值链，当这种循环延展到国际分工时则形成国际价值链。因此，供应链的高效通畅和市场拓展、产业链的持久完整和长期可靠，共同延展推动着国家产业在全球价值链分工体系中从低中端迈向高端顶端，确保在国际竞争中地位不动摇、优势不衰减，共同筑牢产业安全"堤坝"。

"三链"目标一致、方向一致。"三链"深度融合，必将开创经济社会的新格局、新布局、新结局。产业链格局从集中式发展为分散式，从纵向一体化产业链演化为横向一体化供应链，依托供应链集聚信息、资源、能力、优势。当产业链、供应链持续聚合创新能量，必将极大放大提升产业在价值链中的地位，使制造业重构重组的制造逻辑与商业逻辑，从产品需求驱动转向产品面向服务，特别是一旦融入数字化、智能化、个性化、集成化等新型生产要素，必将通过供给侧在需求侧引起反应，触动产业链在服务转型中向价值链高端攀升。

"三链"特质不同

产业链、供应链、价值链的各链条因切入路径、牵引目标、着力重点、影响因子及存续条件不同，最终呈现在覆盖领域、贯通环节、追求目标、实现途径等方面呈现为不同状态，折射各自所蕴含的不同特质。

"三链"建设主体和着力重点不同。产业链的建设主体一般为政府机构，侧重于产业上下游有机衔接、价值流和供应流有机融合，并将创新活动嵌入其中，围绕产业链部署创新链，最终成果体现为价值链和产业综合竞争实力，属于面向消费者的"后台"。供应链的规划、建设和管理的主导力量一般为核心企业，侧重于链上固化企业间的依存关系，通过加强产品生产阶段整合和链内企业间协同，推动降低生产成本、促进产品增值，以获得最大利润和价值，属于面向消费者的"中台"。价值链上所有企业都是积极参与价值创造的主体，都以实现价值和价值增值最大化为追求，根据市场变化和消费者需求，着力推动产业链上产品设计、研发、销售环节的创新创造，成为面向消费者的"前台"。

"三链"实现路径和存在形态不同。产业链从产业关联度和影响度切入，运用信息技术、经济关系等把不同产业贯通连接起来，形成前后、左右和上下游贯通的产业链条，以加强产业空间布局与能力建设来持续强固链条，创造出更多的"产品流"，既以贯通供应链来提供坚实生产基础，又以升华价值链来提供雄厚物质基础。供应链从市场资源配置和流程管控切入，以产业链为基础，通过对贯穿其中的物流、商流、资金流、信息流等业务流程有效融合，形成内在协调、管控有力的完整系统，构建低成本、高效率、高产出的发展模式，以高品质的产品与服务实现供求有效对接。价值链从价值和利润创造切入，围绕促进价值创造，把一系列价值创造活动贯穿到研发设计、生产制造、物流营销、售后服务等，通过加强产业链各环节管理和促进供应链科学布局，创造出更多"资金流"。从存在形态看，产业链是抽象无主体并在不断变化的边界范围中存续，处于相对静止状态，像手机产业链就是由芯片、操作系统、显示屏、手机品牌等所有业态和与手机制造有关企业串联而成的大链条，一旦手机产业发生巨变，或重组或消失，这一产业链也一同进退，其存在于产业总体布局、产业技术应用、产品生产流通、产品开放创新等全过程全链条全环节中。供应链是具体的、实实在在的，处于常态变动状态，像华为供应链就是由其本身及所有供应企业、渠道合作伙伴等实体企业共同构成，其存在于从供应组织方式、商业运作模式到社会治理方式的各方面全环节。价值链存在于所有经济活动、所有运行环节、所有单位和团队的生产经营活动中。

"三链"牵引目标和影响因子不同。产业链以强固产业内各企业竞争力、关联企业间耦合度、产业价值创造力、产品质量影响力等作为牵引目标，通过促进产业分工的合理性、开展合作的有序性、价值创造的持久性，推动链上各企业各实体高效稳定可持续运转，主要受国家宏观调控政策、国际市场环境变化、产业间关联关系等因素影响。供应链以企业业务健康开展、产品高质量生产、服务高水平提供、链上各成员高效率协同，以及物流、商流、资金流和信息流等各类业务活动高精准集成作为牵引目标，着力推动链上各企业的资源信息高效整合、快速传递转换，促进链上循环畅通、供给及时、保障有力、服务到位，不断厚植竞争优势，以期在业务流程再造中实现整体效益最大、成本最低，主要受企业合作壁垒、消费需求变化、供需对接协调、谈判议价能力等因素影响。价值链以提升生产经营效率、增强链上各环节价值创造能力、建立链条核心竞争力等作为牵引目标，进一步强化链上各环节的关联性、提高资源配置有效性、促进产业布局最优性，从而实现创造价值的最大化，主要受企业创新力、经营力、管理力、市场拓展力、核心竞争力等诸多因素影响。

"三链"的耦合效应

基于产业链、供应链、价值链存在的高度关联性、贯通性、趋同性，又基于各个链条从建设主体到着力重点、从实现路径到存在形态、从牵引目标到影响因子等方面存在的较大差异性，推动产业发展、增强产业安全，必须强化"一盘棋"思想，着力促进"三链"互动一体、同向发力。

强化全环节互动。体系推进产业建设，在重点环节上，主要包括建链、固链、补链、优链、强链、延链；在工作要求上，强调着力推动全产业齐发力、全业态共频振、全维度同发展；在目标追求上，围绕不断巩固优势、锻造长板、补齐短板、拉伸链条，聚力打造具有国际核心竞争力的世界级产业集群和赋能型产业共同体。

所谓建链，就是通过持续深化产业创新、推进开放合作、加大投资建设、强化风险防范等措施，着力打通产业发展的痛点、难点，促进产业链供应链高效运转、稳定运行、协同发展，不断向价值链高端挺进。

所谓固链，就是聚力锻造"杀手锏"、打造竞争力、拉升比较优势、拓展新兴产业、固化传统产业，让长板优势更长、先发优势更优、传统优势更强、核心竞争优势更大、新兴优势更新，始终保持产业的强大生机活力和强劲发展势头。

所谓补链，就是紧盯经济发展瓶颈问题、重点关键领域"卡脖子"问题、国计民生和战略安全短板问题，通过实施产业基础再造工程、重大专项攻关工程、龙头产业产品备份工程、断链产品替代预制工程，以万全举措兜住产业可能面临的突发事件和极端事件的潜在风险。

所谓优链，就是通过抓原材料保供稳价、抓产供储销体系联动、抓重点领域产业贯通、抓产业生态一体打造、抓产业布局持续优化、抓关键重点技术迭代升级、抓循环物流环节全面畅通、抓期货现货市场有效监管，促进产业供需适配、产品质量持续提升，不断增强核心竞争力。

所谓强链，就是充分发挥产业的竞争优势、独特优势、先发优势，依托我国完整配套的产业体系、无比庞大的制造能力和超大市场规模，推动向高端产业进军，打造足以让对手不敢轻举妄动的"独门绝技"，牢牢掌握产业发展的主动权。

所谓延链，就是立足独特资源禀赋、庞大国内市场和比较优势，通过建新链、强优链、补断链，贯通产业链上下游、联通产供销全环节、带动大中小各类企业，推动产业链向外延展、供应链向前延伸、产业生命周期向后延长、产业分工向精致延展，促使链上企业纵向关联更紧密、横向联动更协调、产业生存发展空间更广阔。

推动全链条互动。链条理论认为：一根链条的强度取决于其最薄弱的那个环节而不是最强的那个环节，基于此，推进产业全链条耦合，强调把产业体系视作链条整体打造，贯穿其中的关键核心在于"补断""补短"，因之，"补断链""延短链"也成为我们推进产业发展的重点任务。

"补断链""延短链"的质量效果事关产业总体竞争力和可控性、安全度。应立足资源禀赋、国内市场和产业优势，构建安全可靠可控的产业链供应链，推动产业链外向延伸，促使链上企业纵向关联更紧密；推动产业链向内深化，促进横向关联产业企业耦合更牢固，通过提升技术含量与产业水平促进产业链分工迈向更高层次；推动产业链优化整合，锻造更多"链主"企业，更好发挥对产业的辐射带动作用。

在顶层设计上，围绕核心产业构架新链，抢占国际产业链高端空白，加快核心技术突破攻关，补齐产业链"卡脖子"短板，推动向价值链高端迈进；围绕国家重大需求来补齐断链、拉长短链，着力增强产业链供应链韧性柔性，重点解决好多元替代、资源配置、提高生产效率和可持续等方面问题，立体提升产业链供应链整体应变能力；围绕建立产业竞争优势，坚持精准施策、选准战术战法，着力培育标志性龙头型引领性企业，推动全产业链提能升级，形成具有更强创新力、更高附加值、更安全可靠的产业体系；围绕做强民族传统产业，强化优势链、固化强势链，建立国际比较优势，力求自主掌控一批"杀手锏"技术，不断提高自主可控水平。

推动全周期互动。产业发展问题是事关人类生存发展的永恒主题，是直接支撑经济发展的永续工程，是永远在路上的长周期推进过程，绝不是一朝一夕、一蹴而就的事，必须久久为功、长期施力，一锤接着一锤敲、一张蓝图抓到底。至关重要的是立牢长周期、可持续发展的思想，坚持从长计议，立足长远规划，制定中长期发展战略，推动产业链供应链价值链在长周期中实现互动发展。

要统筹推进全链短期运行与长期提升的紧密衔接。短期主要针对国际国内形势发展，强化产业链、供应链风险监控，及时掌握产业运行中的苗头性问题，有效做好重点领域、重点企业的风险化解和应急处置，确保产业链、供应链安全稳定；长期强调聚焦关键环节和龙头企业，加强部门、区域和行业间协同配合，协调解决整个链条建设的问题，推进上下游企业一体配套，全面提升产业链、供应链自主可控和现代化水平，不断打造产业核心竞争力。实现两者的内在衔接，需要围绕产业链部署供应链、创新链，围绕创新链布局价值链、产业链，促进整个链条的所有节点内在贯通、无缝衔接，特别是前瞻谋划布局一批未来产业、加快壮大一批战略性新兴产业，不断锻造产业长板，建立面向全球产业领先优势。

要统筹推进全链产业集聚与布局优化的紧密衔接。着眼提高产业安全性，着力促进同一领域产业的适度分散布局，增强产业对抗外来风险冲击能力。把市场在资源配置中的决定性作用和政府的作用联动起来，把优化产业布局和加速产业集聚联动起来，把考量市场、成本、效率等因素和增强产业链自主性安全性联动起来，进一步完善政策支持、要素投入、激励保障、服务监管等长效机制，加强区域布局的有力引导，以龙头企业带头引导和撬动资源要素汇聚，拓展产业空间，加快形成从东部到中西部、东北部的产业梯度配置、递次转移，在更大区域和范围内形成供应链、信息链、服务链、人才链、资金链等链链相通、相互借力，同时鼓励各地区充分发挥自身优势各显其能，打造特色产业集群，加快建设大批产品卓越、品牌卓著、创新领先、治理现代的世界一流企业。

要统筹推进全链自主可控与开放合作的紧密衔接。重点领域自主可控是有效应对外部产品、零部件等供应受限、断供断链时的安全屏障，也是确保产业安全和国民经济健康发展不可或缺的支撑条件。对外开放作为一项我国基本国策，是提高产业发展水平、加快构建新发展格局的重要推力，也是寻求国际合作、形成竞争新优势、拓展产业发展空间的重要途径。通过实施更高水平的开放，把立足自身攻克关键核心技术瓶颈和借助外部力量弥补产业短板有机结合起来，把优化内部生产要素配置和推动产业产品输出有机结合起来，把实施产业基础再造工程和依托外部有效"输血"、激活自身"造血"功能有机结合起来，通过加强全面统筹和协调推进，加速产业系统集成，体系打造安全高效、循环畅通、互利共赢的产业体系。

四、维护产业安全的重大意义

党的十八大以来，以习近平同志为核心的党中央对维护我国产业安全、加强供应链产业链价值链建设始终高度重视，作出一系列重要论述、提出一系列明确要求。我们应重点从以下三个方面学习贯彻以习近平同志为核心的党中央对发展产业、保障安全的部署要求。

立牢国家安全之本

本固方能邦宁，基牢方能国安。产业安全既是国家安全之本，又是贯彻总体国家安全观之基。产业安全事关民族产业的生存与发展，事关国际产业分工的稳局与破局，事关全球产业生态的健康与恶化，事关国计民生基础问题、民族核心利益问题、国家安全发展和长治久安问题，成为各国制定发展战略、强化安全保障、出台重大政策的重要考量。

二战结束后，特别是 20 世纪 70 年代以来，美国利用所发"战争财"坚实了其经济基础，及时补上了英国退出世界产业霸主的空位，并以"布雷顿森林体系"为工具，实施产业和资本输出双轮驱动，产业体系实现井喷式扩张，其巨大发展撬动着世界经济迎来一个时期的繁荣，带动日、欧等参与到全球产业竞争新角逐中，加剧各国竞争矛盾和产业安全风险。

当今的产业安全问题不再是单纯的经济发展问题，更倾向于事关国家经济主权独立的政治问题；不再是民族国家经济份额分配的利益冲突，更是经济民族主义意识和政策主张的集中迸发。经济民族主义者认为，世界政治是个零和博弈，对方所失即为己方所得，各国都在为维护增强本国实力和利益而争斗，让民族主义思想长盛未衰。因此，发达国家政府纷纷转变"掠夺者"，竞相为本国产业向外扩张"奔走四方"，掠夺式获利动机日益高涨，甚至强迫他国打开产业和市场大门，各国发展不平衡、经济实力差距拉大的趋势日益明显，最终导致弱小国家为了生存而不得不依附于产业大国强国，依附方式包括殖民性依附、金融工业依附、技术工业依附，从而形成殖民主义国家主宰着殖民地的土地、资源和垄断着其贸易、产业，迫使殖民地在经济上更加依附殖民主义国家的局面，那些依附国日益走向贫穷、难以摆脱落后命运，并逐渐失去选择本国发展道路的自主权。无独有偶，日本作为后起工业化国家，其在引进美国等国先进技术进程中，十分注重自身对引进技术的消化吸收和创新，不仅在较短时间内摆脱对美国资本和技术的依附，还实现了在国外攻城略地；不仅快速崛起为世界经济强国，还在开放本国市场时有力防范了外来者渗入，牢牢守住本土产业安全。

当前，我国正处于由制造大国向制造强国迈进的重要关口期，保障产业安全不仅是提高国家产业核心竞争力的迫切需要，也是全面建成社会主义现代化强国的必由之路。供应链关键环节的任何问题都会影响国家安全、经济发展和社会稳定，在世界百年未有之大变局下，如何实施维护产业链供应链安全国家行动，锻造支撑国家长远发展和战略安全的产业支柱显得尤为紧迫。

习近平总书记早在 2019 年 8 月 26 日中央财经委员会第五次会议上就明确指出："要充分发挥集中力量办大事的制度优势和超大规模的市场优势，打好产业基础高级化、产业链现代化的攻坚战。"[1] 2020 年 10 月，习近平总书记在《国家中长期经济社会发展战略若干重大问题》中再次强调："产业链、供应链在关键时刻不能掉链子，这是大国经济必须具备的重要特征。"[2] 在这一重大问题上，我们必须保持头脑清醒、认识到位、执行坚决，始终把推进产业发展安全摆到更加突出位置，持之以恒抓、脚踏实地做、精准务实推，聚力打造自主可控、安全可靠的产业体系，以保障产业安全支撑国家安全。

统筹发展和安全，增强忧患意识，做到居安思危，是我们党治国理政的一个重大原则。保证产业链供应链稳定就是保居民就业、保民生工程、保市场主体，事关经济安全、社会安全和国家安全，这就更加需要我们必须强化居安思危意识，坚决做到防患于未发之时。习近平总书记在 2020 年就明确要求："要牢固树立安全发展理念，加快完善安全发展体制机制，补

1 《习近平：推动形成优势互补高质量发展的区域经济布局 发挥优势提升产业基础能力和产业链水平》，《人民日报》2019 年 8 月 27 日。

2 习近平：《国家中长期经济社会发展战略若干重大问题》，《求是》2020 年第 21 期。

齐相关短板，维护产业链、供应链安全，积极做好防范化解重大风险工作。"[1] 习近平总书记的这一重要指示，把维护产业链、供应链安全挺到了实施安全战略的前端、顶到了推进安全与发展的前沿，成为贯彻总体国家安全观的重要任务。贯彻这一重要指示，必须始终将安全探头前置，坚持主动作为、危中育机、化危为机，全力维护产业链、供应链安全，在推动高质量发展中实现发展与安全的有机统一。

安全是发展的前提，发展是安全的保障。我国现阶段产业安全底线是实现产业链完整，这是前提基础。唯产业链安全完整，方能在固本强基中向着全球价值链高位挺进，推动我国产业发展站到全球价值链高端；唯实现产业持续健康发展，方能为我国在国际竞争中谋求更高国际地位提供坚实物质基础、奠定长久优势胜势；唯牢牢保住我国产业引领全球的国际地位，方能为我国经济健康发展铺平道路、扫清障碍、创造条件。

目前，我国产业规模不断扩大，随着市场化运行、专业化分工、全球化布局不断深化，随着产业发展各环节、要素、主体间深度耦合和融通发展，产业链、供应链体系在储备巨大发展潜能的同时，也在同步积淀着诸多潜在风险。产业链、供应链体系的关键环节、部位、节点一旦出现局部"扰动"，就可能演变为冲击系统稳定运行的"灰犀牛""黑天鹅"，轻则影响产业循环运转，重则影响市场主体和民生就业，甚至给经济发展、社会稳

---

1 《习近平在看望参加政协会议的经济界委员时强调：坚持用全面辩证长远眼光分析经济形势 努力在危机中育新机于变局中开新局》，《人民日报》2020 年 5 月 24 日。

定、国家安全带来严重冲击。

统筹发展和安全，必须强化系统观念，协调处理好短期和长期、政府和市场、自主可控和开放合作的关系，着力畅通国内大循环，突破供给堵点，打通生产、分配、流通、消费各环节，促进经济循环和产业链畅通，推动产业基础高级化、产业体系现代化，为稳定宏观经济大盘、保持经济在合理区间运行提供有力支撑。保障产业安全，重在提高风险预警、健全防控机制、加强处置能力建设，坚持早发现、早研判、早预警、早处置，科学研判、分级分类、高效排除，防止局部风险演变扩大，切实把安全风险消灭在萌芽状态。

铸造国民经济之魂

产业是国民经济发展源之所来、根之所立、魂之所系的重要依托。经济力量既是构成国家总体实力和国际影响力的决定性物质基础，又是满足人民衣、食、住、行等社会保障需求的决定性支撑条件。而经济力量的形成又是靠产业发展和产业安全来铺垫的，产业犹如为经济发展输血的"主动脉"，因之，世界各国对产业领域的争夺始终没有停止过。二战后尤其是20世纪70年代以来，国际竞争从传统军事竞争"热战"转入到经济竞争"商战"，产业争夺如同扎入经济发展喉结要道的一根鱼刺，欲去之而后快，但往往取之甚难，由此衍生出经济动荡、社会混乱、国家不安等诸多问题。因此，离开产业依托，国民经济发展将失去源头活水、立根之处、灵魂支撑，发展经济更无从谈起。

产业安全是国家经济安全的命脉命门，我们必须站在国家经济发展全局上去认识考量，将维护产业安全的弦始终绷得紧而又紧。16 世纪后的世界经济强国发迹史表明：在起步期都是不惜动用一切手段来保护本国产业安全，为本国企业争取最大限度的生存空间；当本国经济发展到居于世界经济科技的前沿时，便竭力推崇自由贸易的政策和理念，竭力推动本国企业"走出去"最大限度地占领国际市场。当前，我国是具有全球影响力的产业大国，有 220 余项工业产品产量居全球第一，产品遍布世界 230 多个国家和地区，特别是轻工、纺织、石油化工、煤炭、钢铁、有色、汽车、船舶等重点产业链条健全，[1] 今后一个时期便是提升产业链现代化水平的关键布局阶段。但我们应清醒看到，中国产业链供应链稳定运行面临着国际产业分工格局加速重构、全球产业竞争版图深刻调整等严峻挑战，世纪疫情加剧着国内要素结构性短缺、资源价格成本上升、产业循环卡点堵点增多，这是不容忽视的现实考验。

越是这种情况下，我们越要高度重视和警惕产业安全，但也不能因噎废食、闭关锁国，放任自流更是引狼入室。世界经济史证明：整个国家和民族的繁荣富强才是最终的安全。我国必须在继续推进改革开放和经济发展中，处理好改革开放与产业安全的关系，既要强调通过进一步扩大对外开放，在开发国内国际两个市场、两种资源中转变增长方式，加快利用引进国外先进技术、关键设备来补齐我国产业短板，又要强调支持有条件企业冲出中国、走向世界，按照国际通行规则搞活对外投资和跨国经营，在

1　魏际刚：《健全的产业链让中国经济变得强大》，《中国经济时报》2019 年 7 月 19 日。

境外建立加工基地、营销服务网络和研发机构，进一步拓展我国产业安全的空间领域。

基于对我国基本国情和产业发展时代特征的准确把握，基于对当前国际产业严峻形势有效防范和积极应对，以习近平同志为核心的党中央提出了构建新发展格局的重大战略思想，这既为我国产业发展健康成长提供了丰富的阳光雨露、广袤的生长土壤，又为有效防范规避产业风险提供了"安全港湾"、构建起"隔离护栏"。构建新发展格局强调的是在国际产业大循环不畅的情况下，依托我国超级强大的国内市场，坚持以国内大循环为主体、国内国际双循环相互促进，盘活用好国际国内两个频道，确保我国产业发展始终保持强大生机活力。其关键在于贯通我国经济活动各环节，推动各个产业、各个部门、各个区域间的循环畅通与高效配置；其重点在于着眼继续保持我国制造业产业链龙头地位，下力打通循环瓶颈梗阻，加大自主创新、产业再造力度，推动"中国制造"向"中国智造""中国创造"延伸拓展。这既是我国长远发展的战略设计，也是稳定工业经济运行的关键之举，必须准确把握、精准施策、系统发力、久久为功，构筑起我国产业安全的"铜墙铁壁"。

产业安全是现代经济的基本特征，也是重塑国际合作和竞争新优势的战略选择。一方面，经济发展与产业发展高度一体，经济发展以构建现代经济体系为动力，以构建现代产业体系为支撑、以维护产业安全为保证，因之经济发展始终离不开产业赋能，离不开产业持续创新和新型业态持续打造、培育和布局。另一方面，经济发展的强劲动力源自产业发展注能，我国必须坚持以深入推进供给侧结构性改革持续激活，以稳增长、调结构、促转型持续释放，通过保障经济主体和就业岗位稳定为产业安全赋能，通过排堵点、疏瘀点、通卡点畅通循环为产业安全注能，通过推动绿色化、低碳化、数字化、智能化发展为产业安全续能，以产业协调发展植入强劲经济"永动源"。在当今全球产业链供应链竞争日趋激烈的背景下，我国必须立足强大国内市场，加快构建新发展格局、提升产业链供应链现代化水平、增强产业核心竞争力，在保障产业链供应链安全稳定中推动实现更高质量、更有效率、更加公平、更可持续、更为安全的发展。

产业发展稳则国民经济稳。受新冠疫情冲击和国内需求收缩预期不稳、国际运输网络梗阻等多重因素影响，一段时间内，我国经济运行压力明显增加，短、中、长期风险都有所呈现。从新冠疫情暴发开始，党和政府就坚持顺势而为、应势而变，稳字当头、稳中求进，问题导向、重点发力，运用多种政策工具箱，持续调整经济和产业发展战略，从构建新发展格局到稳增长、调结构、降预期、促转型，从"六稳""六保"到下调GDP增长速度、保产业链供应链稳定，从实施更加稳健的财政金融政策到积极帮助中小微企业纾困解难，及时处置苗头性的潜在风险，确保了我国工业经济平稳健康运行，2020年，中国成为疫后全球唯一实现经济正增长的主要经济体。

宏观经济大盘稳则国民经济稳。我国产业链供应链体系完整、门类齐全，产业韧性强、增长潜力大、发展后劲足，这是宏观经济大盘稳定的根基所在。国家产业发展大循环稳则国民经济稳。"双循环"国家战略的有效实施，为产业链供应链体系平衡运行铺设了"双驱双轨",确保各类生产要素、资源、商品等畅快流通,经济发展血脉动能生生不息。基于以上分析,我们无比自信地判断:我国经济发展必将在合理区间内平稳运行,这也是我们战胜各种风险挑战、推进中国经济发展的强大信心和底气所在。

深植共同富裕之根

习近平总书记在党的二十大报告中先后八次提及"共同富裕",足见以习近平同志为核心的党中央对坚定推进当代中国全体人民的共同富裕关切之深、决心之大、意志之强,"共同富裕"对党团结带领人民长期奋斗的共同理想作出了历史性的新标定、开创性的新聚焦、时代性的新升华。特别是在部署新征程中国共产党推进中国式现代化的使命任务时,把实现共同富裕上升到中国式现代化的重要特征和基于中国国情特色的战略高度,实际上也是上升到党的中心任务和根本使命高度;在部署增进民生福祉、提高人民生活品质的任务要求时,进一步把实现共同富裕上升到体现立党为公、执政为民的本质要求,不断实现人民对美好生活的向往,实现好维护好发展好最广大人民根本利益的政治高度,实际上也是上升到中国共产党领导人民打江山、守江山的根本出发点立足点落脚点的高度。

治国之道,富民为始。中国共产党人把中华民族几千年的不懈追求、中国人民自古的共同愿景——实现共同富裕——鲜明地写在党的旗帜上,贯穿于全面建设社会主义现代化国家、全面推进中华民族伟大复兴的全部历史进程和全部价值追求之中,作为中国特色社会主义本质要求的集中体现，作为中国共产党全部奋斗的集中彰显，作为新时代全党全国各族人民重整行装再出发的催征号角，绵延中华民族5000多年文明史、500多年社会主义发展史、中国共产党100多年奋斗史这一亘古不变的美好夙愿凝聚熔铸于党的初心、使命和伟大事业中。

实业兴邦，产业为本。共同富裕决不会凭空而来，今天，我们的人民依然在强烈期盼着"有更好的教育、更稳定的工作、更满意的收入、更可靠的社会保障、更高水平的医疗卫生服务、更舒适的居住条件、更优美的环境"[1]，而这一切均建立在无比广袤博大的产业土壤上，唯有国家产业根深叶茂、兴旺发达，实现共同富裕才有可以根本依赖的强大物质基础。

中华民族是个勤劳进取的民族，中国史就是一部中华民族生生不息、矢志同贫困作斗争、矢志追求富裕幸福生活的奋斗史。因有共同富裕的美好憧憬和精神寄托，我国产业发展史沉积而厚重、兴盛而延续、发展而荣光。从上古时期"聚天下之货，交易而退，各得其所"[2]到春秋战国时期"以天下物利天下人"[3]再到历朝历代的人民大兴耕作、大兴土木、大兴水利，发展不同产业门类、促进产业技术创新、繁荣产业市场等诸方面，让我国产业体系四通八达、技术含量不断提升、人民生活日益富足、理想追求渐进走近，中国产业发展为造就古老中华文明作出了巨大贡献，从而最终实现了从古

1　《习近平：高举中国特色社会主义伟大旗帜 为决胜全面小康社会实现中国梦而奋斗》，《人民日报》2017年7月28日。

2　出自《周易·系辞下》。

3　出自《管子·霸言》。

老的"小康梦""大同梦"到今天的中国梦、复兴梦的有效贯通，持续进发出全社会全民族谋幸福图复兴的力量源泉。

时代在更迭、历史在演进、人民在觉醒。古代的中国人民逐渐意识到统治者的剥削与压迫是制约产业发展的真正根源，于是一次次农民起义揭竿而起，一个个朝代不断更迭，一个个社会制度持续变革，经历从原始社会、奴隶社会到封建社会、半殖民地半封建社会再到今天社会主义社会，这漫长的历史进程，推动历史巨轮朝着共同富裕迂回曲折地进发。

直到马克思主义应势诞生，基于对矛盾运动规律、社会发展规律、生产发展规律的深刻把握，基于对人类期盼幸福、向往富裕的永恒追求，马克思、恩格斯提出了实现共同富裕的思想萌芽，并经列宁、斯大林的丰富拓展，进一步照亮了人类追求共同富裕的道路，同时也开辟了破解产业发展困顿之通道。中国共产党诞生后，以毛泽东同志、邓小平同志、江泽民同志、胡锦涛同志为主要代表的中国共产党人紧密结合中国国情，在推进共同富裕上进行了大量理论和实践探索，特别是党的十八大以来，以习近平同志为主要代表的中国共产党人，守正创新、凝练升华，推进中国人民共同富裕的思想理论得到极大丰富完善，并在党的二十大报告中以"团结带领全国各族人民全面建成社会主义现代化强国、实现第二个百年奋斗目标，以中国式现代化全面推进中华民族伟大复兴"[1]，开启了我国推进共同富裕的发展蓝图。

1　习近平:《高举中国特色社会主义伟大旗帜 为全面建设社会主义现代化国家而团结奋斗——在中国共产党第二十次全国代表大会上的报告（2022 年 10 月 16 日）》,《人民日报》2022 年 10 月 26 日。

知所从来，思所将往。让历史照进现实、用历史启迪未来，站在推进中国式现代化、实现中华民族伟大复兴的战略视野看共同富裕，这是必由之路和本质追求。以同样的视角视野看产业发展，这是时代脉动和根本依托。中华民族5000多年的文明发展史启示我们：共同富裕是中华民族接续兴起复兴浪潮的伟力之源，而民族复兴之根则是深深扎入民族产业这片广袤沃土之中，这是历史之根、发展之根、希冀之根。唯有我国产业体系长成参天大树、汇成浩瀚林海，民族复兴才永不枯竭、永续强劲，共同富裕才步履坚实、行稳致远；也唯有产业发展永不停息，复兴浪潮才势不可挡、共同富裕才务期必成。

现在，我们已经迈上全面建设社会主义现代化国家、向第二个百年奋斗目标进军的新征程，继续朝着人民对美好生活向往、实现共同富裕奋勇出征。站在新起点上，往四周看，在党的坚强领导下，中国产业千帆竞发、百舸争流、成就辉煌；往前看，在产业发展前进道路上，荆棘丛生，贸易逆流、打压断链、技术封锁……挑战前所未有，风险前所未有，甚至还有诸多险滩暗礁、惊涛骇浪等待着我们。

越是这样，越需要我们知难奋进、逢山开道、遇水架桥，越需要我们脚踏实地、埋头苦干、开拓进取，越需要我们坚忍执着、刚健勇毅、攻坚克难，越需要我们敢于斗争、善于斗争、勇于斗争，始终咬定努力奋斗不松动、面对严峻挑战不退缩、瞄准产业高地不偏移，汇集全人类全社会力量，共同打好协同战攻坚战持久战，坚决战胜一切阻碍产业发展的"绊脚石""拦路虎"，携手挺进迈向全球产业链供应链价值链的高端顶端。

坚持以实现当代中国全体人民的共同富裕作为产业发展的核心追求，以适应人民对美好生活的向往为根本指向和根本归宿，以满足人民生活需求、提高人民生活水平、增进人民获得感幸福感安全感为根本方向和根本动力，充分挖掘产业链供应链价值链的巨大创造潜能，着力推动在实现共同富裕上的深度转化和全面释放，构筑无比强大的福利红利惠利支撑体系。同时，着力构建初次分配、再分配、第三次分配协调配套的制度体系，切实分好产业制造福利的"大蛋糕"；实施就业优先战略、健全就业公共服务体系及重点群体就业支持体系，切实分享产业发展释放的"大红利"，建立覆盖全民、统筹城乡、公平统一、安全规范、可持续的多层次社会保障体系，切实保证全体人民共享产业成果的"大惠利"，聚力打造中国特色的共同富裕"同心圆"。

　　坚持以实现世界共同繁荣作为产业发展的有力牵引。当今世界，200多个国家和地区、几千个民族、70多亿人口，同住一个地球村，正是依靠全球产业体系大引擎跨国式的大循环，将不同国家和地区、不同文化民族、不同肤色人民全面联动起来，形成同舟共济的产业共同体、构建命运共存的产业大集群，步步趋近摆脱贫困、走向共同发展繁荣。在追求产业发展、实现共同富裕的道路上，中国一贯秉持"一花独放不是春"，形成让一个国家、一个民族都不能少的"百花齐放春满园"，致力打造"各美其美，美人之美，美美与共，天下大同"的世界各国共同发展繁荣的美好愿景。

第二章

立足当下：我国产业安全态势分析

党的二十大报告深刻指出："当前，世界之变、时代之变、历史之变正以前所未有的方式展开。一方面，和平、发展、合作、共赢的历史潮流不可阻挡，人心所向、大势所趋决定了人类前途终归光明。另一方面，恃强凌弱、巧取豪夺、零和博弈等霸权霸道霸凌行径危害深重，和平赤字、发展赤字、安全赤字、治理赤字加重，人类社会面临前所未有的挑战。世界又一次站在历史的十字路口，何去何从取决于各国人民的抉择。"[1]

"智者虑事，虽处利地，必思所以害；虽处害地，必思所以利。"[2]当前，国际力量对比正在发生历史性变化，国际政治经济环境日趋复杂，世界进入动荡变革期，维护我国产业安全面临着更为逆风逆水的外部环境。从统筹发展和安全的高度，深刻认识把握当前我国产业安全的总体态势，着眼下好先手棋、打好主动仗、抢占制高点，坚持在变局中开新局、在危机中育新机、在乱局中布胜局，不断拓展我国产业生存空间、建立竞争优势、提高核心竞争力，才能把我国产业安全牢牢掌控在自己手里。

1　习近平：《高举中国特色社会主义伟大旗帜 为全面建设社会主义现代化国家而团结奋斗——在中国共产党第二十次全国代表大会上的报告（2022年10月16日）》，《人民日报》2022年10月26日。

2　出自《孙子兵法·九变》。

一、风险研判

前置研判、科学预测、准确辨识各类风险是维护产业安全的先决条件和重要前提。分析我国产业安全风险，必须立足当下、面向未来，从面临的各种考验挑战入手，从政治、经济、民族产业、国际产业分工、全球产业生态、国际国内环境、核心利益关切、安全发展战略等多方面进行深度考察，坚持探头前置、关口前移、管控前出，坚决守住产业安全。

国际形势渐趋严峻，产业发展压势压力倍增

从国际形势看，世界格局深入动荡变革，不确定不稳定因素不断增多，百年变局与世纪疫情相互叠加，经济因素与非经济因素相互联动，贸易梗阻与贸易壁垒相互强化，地缘政治与极端事件相互激荡，产业链供应链与价值链创新链风险因子相互转化，催生着新一轮全球产业变迁、产业竞争加剧、产业版图调整，推动着国际产业分工体系重构、供应体系重塑、价值体系重建、治理体系重组，全球产业链加速分裂，产业布局加速向低成本中心转移，资本、技术密集型产业和消费中心加速向本土回流，技术"脱钩"、金融"脱钩"、供应链"脱钩"加速恶化，连带引起"以中国为中心"的全球供应链体系加速调整外迁，我国产业发展面临着异常严峻挑战。

美欧等发达国家搅动战略调整，迫使我国产业遭遇强劲寒流

急袭。近年来，我国产业快速发展、日益走强，这些现象引起美欧发达国家的强烈震惊、深度不安和极大焦虑，催化着其惶恐、不甘等心理五味杂陈，在零和博弈思维的驱使下，美欧发达国家借新冠疫情恶化、俄乌冲突升级之势联合搅局，加剧全球经济下行，触发全球产业危机"风雨欲来"。

在美国策动主导下，一系列全面对我产业发展多重拦阻、多途制衡、多维打压的政策手段相继出笼，主要包括：加快发达国家产业本地本土化步伐和制造业回流，美国正急不可耐地催动制造业向墨西哥、巴西等拉美国家转移，英、德、法等欧洲国家极力将制造业向东欧和土耳其等国家回迁，掀起新一轮生产周边化浪潮，妄图掏空我国产业基础，陷我产业于"空心化"境地；配合贸易战、科技战、壁垒战等加持，推动原料采购多地化、投资多元化、供应多样化，妄图把我国排除在国际产业体系外，陷我产业于"架空化"境地；高调叫嚣产业链"去中国化"，持续加强对我高科技打压、关键技术外部切断、核心零部件"断供"、人才交流"脱钩"、将我高技术企业和科研机构列入"实体清单"、强力实施关税保护等举措，妄图把我国引入发达国家围、追、堵、截的包围控制之中，陷我产业于"孤立化"境地。

美国等西方国家挑起的这轮"产业联合战"火力打击十分凶狠，用心十分险恶，妄图全面遏止我国产业发展步伐、阻挡我国高端制造业做强做大，迫使我国部分劳动密集型产业和加工制造产业不得不采取"换频道、转阵地、拉内需"等应对措施，国外直接投资受到较大抑制，产业发展面临诸多考验。好在我国在基础设施、技术能力、产业链聚集、资本总量、市场规模等方面有着明显优势，造成严重伤害的可能性不大，但面对产业寒流来袭、严冬来临，造成我国部分产业暂时性萎缩休眠的趋势或不可避免。

美国等西方国家多重"拉倒车"力量合围发力，使我国产业遭遇汹涌逆流突袭。国际经贸摩擦、地缘政治动荡持续交织影响，多股"拉倒车"势力借势兴起、借机汇集，集结成伙、趁火打劫，不断搅局添乱、制造威胁，让全球产业安全平添了更大更多的安全风险。

聚合国家力量干预。为突出打压发展中国家的战略性新兴产业，以压制对其投资和加大相关产业链评估审查力度切入，美国相继于 2019 年发布了《美国人工智能倡议》、2020 年发布了《关键和新兴技术国家战略》、2021 年通过了《无尽前沿法案》等一系列政策法规，还以所谓维护国家安全名义，拉拢发达国家"盟友圈"扩大对产业安全审查范围，纵容欧盟火上浇油，将政策实施延伸到全产业链各环节。此外，美国还动用国家行政令、建立国家联盟等手段构建起战略性矿产、能源体系，策动日本、澳大利亚等国构建起联合供应链和技术联盟。从特朗普 2017 年 7 月签署《评估和加强美国制造能力、国防工业基地和供应链弹性》的总统行政命令到拜登 2021 年 2 月签署关于美国供应链的第 14017 号行政令，系统提出，美国需要韧性、多样性和安全的供应链，以确保美国经济繁荣和国家安全，共同目标无非是排除异己，企图打造以美为控制中心的全球产业链供应链体系，维持美国在全球的霸权。

发起金融领域攻势。美国串通纠合一些发达国家相继出台量化宽松财政刺激方案，收紧对外投资规则和调整税收法案，继2018年8月特朗普签署《外国投资风险评估现代化法案》后，2020年6月，美国参议院提出了《外国公司问责法案》，该法案规定，如果外国公司连续三年未能通过美国公众公司会计监督委员会的审计，将被禁止在美国任何交易所上市。而有关信息的披露，可能导致重要数据、个人信息的泄露。2021年3月，美国证券交易委员会表示，通过了《外国公司问责法案》最终修正案，德国、意大利、西班牙等国家紧跟其后，严格外国投资程序审查，助长贸易保护主义强势抬头。

加速构建区域联盟。针对特朗普政府奉行"美国优先"的单边主义，一度导致美国向心力减弱、信任度下降、美欧盟友关系疏远的结果，拜登上台后着力修复往日裂痕，以积极推进与加拿大、日本、印度、澳大利亚等国多边安全合作为切入点，促成加紧构建各式各样的区域化联盟，企图不断削弱中国制造业在全球产业链、供应链的中心地位。

于是，与地缘政治遥相呼应，美国借国际经贸摩擦不断升温之势，众多跨国公司发起助攻，拉升地缘风险，全球贸易开放体系遭受重创，生产要素跨境流动受到极大阻碍。美中经济与安全审查委员会的一项对美国跨国公司业务活动的调查显示：约40%的公司有将供应链中制造和采购环节转移中国的打算，约24%的公司已将供应链的采购环节调出中国境外，以摆脱对中国的进口依赖。[1]

1　唐艳、张庆:《全球产业链重构对我国制造业的影响》,《企业管理》2021年第5期。

于是，一些亚洲国家渔翁得利。越南等新兴经济体趁机布局抢占全球中低端制造业市场份额；印度加紧启动旨在促进制造业"自力更生的印度运动"，预算案扩大至"生产挂钩激励计划"范围，鼓励本国企业减少从中国采购产品和原材料，并为数十个行业吸引外商在印设厂提供优惠政策。

于是，全球供应链"中国+1"布局渐进衍生。西方跨国公司鉴于中国产业支撑作用暂无可替代、"去中国化"全球供应链很难短时间内全盘"脱钩"，更多采用"中国+1"供应链布局战略，既保留原有中国重要制造供应商一定份额，又推动在中国以外国家和地区进行产业布局，使我国外部需求不再稳定。近年来，美国、德国等国制造业采购经理指数（PMI）高于中国，2020年11月30日，国家统计局服务业调查中心和中国物流与采购联合会发布的数据显示，11月份，中国制造业采购经理指数（PMI）为52.1%，非制造业商务活动指数和综合PMI产出指数分别为56.4%和55.7%，三大指数均位于年内高点，连续9个月高于临界点。[1]

于是，各国产业链、供应链战略相继作出基于国家安全、产业竞争、国际贸易考量的新调整，发达经济体相继产生基于加剧高技术产业与供应链竞争的新动向，产业链、供应链建设相继催发全球产业格局出现经济重心东移的新变革。同时，各国在产业建设过程中更加重视产业融入数字化智慧化进程，更加重视上下

---

1 《11月制造业PMI为52.1%，连续9个月高于临界点——中国制造业活力增强》，《人民日报》（海外版）2020年12月1日。

游各环节信息对接，更加重视快速联动响应、大规模定制与柔性化生产，也驱动着能源使用、生产制造、产品包装、交通运输、物流配送、废物排放等开始掀起标准化减量化资源化循环化的新浪潮，产业布局开始朝着区域化本地化分割化多元化发展，我国产业面临高端封锁、低端锁定的两面夹击。

全球产业链形成局部断裂失衡，使我国产业遭遇现实涡流转袭。长期的全球产业分工进程，使我国庞大的产业链、供应链已深度融入国际产业大体系中，但因植入链条环节过多、运输距离过长、物流成本过高等因素，我国产业安全风险与日俱增。产业链、供应链在遇到全球性重大突发事件时，难免引起区域碎片、系统断裂、整体失衡等连锁反应，安全威胁凸显，特别是在东欧、拉美、东南亚等产业链薄弱的新兴市场，在疫情、汇率、债务等冲击面前，产业风险更大更高。

从我国产业实情考量，总体上因对价值链把控能力不足、产业安全存在诸多漏洞。在粮食安全上，因对食用油、种子等把控不到位，2021 年我国进口大豆 9651 万吨，占世界大豆总出口量的 59.68%，占国内大豆总消费量的 82.77%。大豆进口主要来自美国和巴西，2021 年进口大豆的 60% 来自巴西，美国大豆占33%，[1]难以确保粮食饭碗牢牢端在自己手里；在能源安全上，因对石油、天然气等战略物资的生产、运输、储备管控不到位，原油进口量多年持续超过消费总量的 50% 以上，[2]难以确保能源饭

1　徐向梅：《加快推进大豆产业振兴》，《经济日报》2022 年 3 月 28 日。

2　《我国原油对外依存度首次超过 50% 心理防线》，中国日报网 https://chinadaily.com.cn。

碗牢牢端在自己手里；在科技安全上，以关键核心技术为龙头的高科技产业，特别是芯片等高端领域因对自主研发生产能力把控不到位，高端产品进口受阻，外部市场需求萎缩，一直受着"断供"威胁，难以确保自主可控主动权牢牢握在自己手中。同时，我国本土诸多跨国公司刚刚崭露头角，在全球价值链上缺乏话语权，诸多民族产业和传统产业尚处在全球价值链中低端位置，难以摆脱受制于人的局面，再加上我国经济发展正处于跨越中等收入"陷阱"的关键期、劳动力低成本和资源优势转换期，许多产业领域暂时难于摆脱发达国家的"魔掌"。

从我国产业运行状态考量，因资金、资源、出口贸易的依存度居高，存在资金投入和资源效率偏低，截至2017年，中国已连续23年成为全球遭遇反倾销调查最多的国家，连续12年成为全球遭遇反补贴调查最多的国家。[1] 除传统反倾销、反补贴外，近年来，国外针对我国的特保调查、技术标准、检验检疫、环境和劳工保护、产品质量、食品安全等方面的贸易壁垒持续增大，手段花样不断翻新，从一般商品和贸易活动拓展到知识产权、产业政策、人民币汇率等层面，再加上全球能源资源价格持续上涨，我国进口总量居高不下，维护产业安全到物价稳定均面临巨大压力。

从我国产业发展动能考量，因过去依赖的廉价劳动力支撑产业发展优势正在逐渐丧失，以低劳动生产率、低研发投入和高能源消耗创造出的核心竞争力趋势性减弱，出现了品牌大量流失、

---

1 《中国已连续23年成全球遭遇反倾销调查最多国家》，《21世纪经济报道》2018年1月24日。

创新能力偏低、产业发展后劲不足的现象，这也是导致产业不安全的重要方面，也让我国许多地区过去依靠的外向型经济和高资源性投入、低附加值产出的粗放型产业发展模式难以为继。

基于以上原因，我国在参与国际经济循环、推进产业发展上面临着"两头挤压"的严峻挑战，稳定产业链的窗口期不断缩短，加之美国等西方国家经常运用金融武器来配合抢占产业竞争制高点，让我国产业发展经常面临"泥潭"困扰和"涡流"转袭，对此，我们必须保持高度警惕，严谨行事、严密防范、严阵以待。

产业潜在隐忧凸显，产业发展卡点堵点递增

当前，经济全球化逆流、贸易保护主义、俄乌冲突等重磅因素交织共振，全球产业链、供应链结构面临大调整大重构，我国产业自身存在的结构大而不强、全而不精、靠外资和出口多、靠人力和资源置换等问题日渐显露，产业链存在的卡点、瘀点、堵点不断增多，内外循环不畅、产业发展量能不足、产业安全底线不牢等潜在风险相继显现。

产业链不稳苗头在显现。改革开放以来，我国制造业在融入全球供应链中形成相对完整的产业链，但部分出口型产业链控制权由外资掌控，受贸易摩擦影响，东南沿海的部分企业为规避关税成本上升、市场开拓限制、技术封锁等风险因素连带影响，部分行业正在向国外尤其是东南亚地区转移，外迁趋势在加大。

中美经济高度关联依赖，短期内我国作为美国工业品主要供应国的地位虽不会被他国完全替代，但从发展趋势看，再过几

年，东南亚国家在龙头企业的带动下，会吸引更多上游和配套企业跟进转移，逐步建立起部分替代中国出口型的中低端产业体系，目前，纺织服装、笔记本电脑、手机等领域已有这种趋势性苗头，这些都是保持我国产业链完整性稳定性的现实挑战。

产业链不强趋势在加强。我国作为"世界工厂"，在制造业多种产品产量规模居全球第一，特别是电子信息、石化、轻工、家电等产业，既是全球重要生产基地，也是亚洲供应链的中心。世界银行数据显示：2018年中国制造业增加值占全球比重超过28%，货物进出口占全球的11.8%，其中中间品进出口占比达到21.7%，是120多个国家的最大贸易伙伴，全球近200个经济体从我国进口商品。[1]

过去很长一个时期内，我国产业发展主要靠低价取胜，但产业链控制能力偏弱、产品附加值不高、制造业增加值率偏低，不少关键领域基础装备、技术、原材料和零部件主要依赖进口，产业链上下游协同效应不强，金融、物流等对产业运行支持不足，国内产业转移循环梯度尚不完备，等等，这些都是制约我国做强做优产业链的现实挑战。

产业链不安全风险不断聚积。过去几十年里，我们主要依靠引进国外技术实现发展，"卡脖子"问题一直没有得到有效破解，导致我国有些产业与国外技术差距越拉越大，发达国家对我技术封锁，让我国产业链长期锁定在产业分工低端，而发达国家长期盘踞在价值链高端，剥夺了产业大部分利润。工业和信息

---

1 黄汉权、盛朝迅：《积极维护全球供应链安全和稳定》，《经济日报》2020年3月19日。

化部对全国 30 多家大型企业 130 多种关键基础材料调研，我国 32% 的关键材料仍为空白，52% 依赖进口。[1]

我国供应链面临的诸多卡点、瘀点，传导到上游原材料工业、中游加工业、下游消费品工业，形成环环嵌套的"多米诺骨牌效应"，产业安全风险持续放大。比如，原油、铁矿石、铜矿等大宗商品价格创近 10 年来新高，让不少企业因成本剧增形成增收不增利甚至持续亏损，陷入有单不敢接、经营困难的境地，卡住了中下游企业的生路。再比如，"芯片荒"从酝酿到形成，从高端芯片到普通芯片，从开始价格高到买不起到价格再高都买不到，传导辐射到诸多行业，导致企业因芯片极度缺乏而接不了订单、交不出产品，甚至不得不停产，卡住了中下游企业的活路。还有物流运输问题，因国际疫情深度扩散，国际航线运力严重不足，部分新兴产业发展曾出现海外资材交付不足等情况，在我国小商品出口集散地义乌出现集装箱运输"一柜难求"现象，卡住了中下游企业的出路。

与美国相比，中国产业面临的主要安全风险从引发因素看主要是，自主创新能力劣势一时难以赶超，深度融入全球产业体系过程中的不确定性一时难以预知，产业发展政策滞后障碍一时难以破解，从基础研究能力到政府投入规模、从企业技术创新能力到产业整体发展状态同发达国家相比都明显略逊一筹，特别是实现对高科技和战略性新兴产业追赶超越尚待时日。同时，各地政

1　杜丽娟:《"卡脖子"项目攻关：中国制造业亟须有效创新机制》,《中国经营报》2021 年 12 月 10 日。

府以优惠政策引入部分高科技外资企业，并把利益分配机制、安全风险因子等一并植入我国产业体系，一旦这些企业进入中国市场，势必会抢先布局和全面"入侵"我国产业关键环节和重点领域，若一旦出现行业垄断，形成非对称性竞争，对我国民族产业发展将是巨大伤害。对此，我们必须保持高度警惕。

核心关键短板障碍，产业发展受压承压常增

当今世界国际产业分工体系中，那些尖端极致技术和"独门绝技"往往多数被极少发达国家长期稳固掌控垄断、独有独享、不传他国，它们长期以技术优势搞"断供"管制来卡住他国产业发展，让多数国家永远无法获取这些技术、实现升级赶超，也让多数国家因"缺环短技"而长期被锁定在产业链低端。

诸多关键环节存在"卡脖子"。传统微观经济理论认为，在充分竞争的市场经济中，由资源禀赋差异体现的比较优势所决定，各国经济发展都会循着对自己经济最有利的路径，参与产业分工，各居其位、各得其所。人类社会发展进入工业化时代近300年，但尖端极致技术分布高度不平衡，长期为少数发达国家独自享有并始终占领产业强国位置。

对我国而言，目前关键领域"卡脖子"问题远未根本解决。据中国工程院《工业强基战略研究》分析，我国关键基础材料、核心基础零部件、先进基础工艺、产业技术基础等对外依存度仍在50%以上，产业发展需要的高档装备、核心领域的芯片和控制系统很多都依赖进口，95%的高档数控系统、80%的芯片、

80%的石化装备、70%的胶印设备、轿车制造设备、先进纺织机械依靠进口，几乎全部高档液压件、密封件和发动机都依靠进口。[1]《科技日报》梳理出29项"卡脖子"技术显示，我国核心技术大多是在跟跑，有的甚至连跟跑也困难，关键核心技术产业基础能力已不能适应维护产业发展要求，不仅面临产业低端锁定困境，产业安全也难以有效维系。[2]

从企业研发维度分析其中原因，总体上看，我国大型国有企业创新资源占有多、研发投入多，而中小企业和民营企业创新资源低、研发投入少；我国很多产业沿用发达国家原有技术产业从海外移植而来的多，在"爱迪生象限"领域跟跑性应用研究多，在基础创新、原始创新的开拓研究少，基础性研究积淀不足，难以支持建立颠覆性技术体系、占领"杀手锏"和反制能力技术的前沿高端，大量零部件和基础材料空白地带一时难以填充，技术创新和国产替代一时难以实现。这也启示我们，加强基础性研究、推进技术升级、促进产业发展模式快速转型的创新性生态，应成为我国企业发展久久为功的战略方向。

诸多产品存在附加值偏低。整体看，我国产业收益率偏低的重要原因在于部分领域产品附加值偏低，高端产品国际市场份额占有率偏低，品牌效应不强、重磅产品少，企业知识产权运用能力偏低。

数据最具说服力。透视我国2020年高达1.5万亿美元的出

1　中国工程院工业强基战略研究项目组：《工业强基战略研究》（卷Ⅱ），电子工业出版社2017年，第35页。
2　刘亚东：《亟待攻克的核心技术》，《科技日报》2018年4月19日。

口贸易规模，加工贸易占到 50% 左右，其中的技术含量和附加值都很低；我国每年高新技术产品出口接近 4000 亿美元，[1] 加工贸易占到 80% 以上，其中体现技术含量的软件和芯片出口占不到 6%；每年申请专利多达 18 万件以上，技术含量高的发明专利仅占 20%，其中的 80% 多为外观设计和实用型领域；我国作为第一大纺织品生产商，但利润总额远低于发达国家经营中国纺织品中间商的利润总额。[2]

诸多产业领域存在"长臂管辖"。美国对华战略及贸易政策一直在调整变化，从美国出台的一系列法律法规、采取的一系列措施、实施的一系列执法活动的新动向看，从对我国出口管制、投资限制已扩散到新兴与基础技术领域，切断供应链到阻断技术出口，剑锋直指中国企业看，种种迹象表明，美国出口管制法早已超越"国家安全"目标，妄想长期遏制我国产业发展。

出口管制方面，从 2020 年 2 月美国财政部代表美国外国投资委员会（CFIUS）正式发布实施《外国投资风险审查现代化法案》（Foreign Investment Risk Review Modernization Act）到 2020 年 4 月美国商务部工业与安全局（BIS）宣布修订《出口管制条例》（Export Administration Regulations）中的相关规则，阻碍中国企业从美国购买材料加工、电子、信息安全等产品，还设立"实体清单"直接限制企业交易。2021 年 6 月，拜登政府又发布

1　中华人民共和国国家发展和改革委员会：《2020 年我国高新技术产品进出口情况》https://www.ndrc.gov.cn。

2　陈学东：《推动产业基础创新发展 保障产业链供应链畅通》，《中国工业和信息化》2022 年第 8 期。

针对半导体、稀土矿物质、电动汽车大容量电池、药品四种关键产品的供应链审查报告，并提出后续将成立"供应链贸易行动小组"，开展对华产业安全调查。[1]欧盟、日本等也先后参与其中，对我国高科技产业束缚管制越来越紧，直接往悬崖边推。

产业基础能力决定着产业安全水平，这一能力一旦缺失，产业链、供应链发展将难以逃脱被遏制和控制的命运。基础理论研究需要"十年磨一剑"，迫切需要发挥新型举国体制优势，汇聚全社会力量，集中各方资源，坚持打好原始创新的歼灭战攻坚战。同时，关键核心技术发展需要的庞大产业生态体系支撑，必须把解决"卡脖子"和"崴脚脖子"问题捆在一起抓，突破重重封锁线，加快实现从跟跑向并跑、领跑的跃升。

高端科技人才滞障，产业发展引才困局难破

产业发展，要在得人。人才战略是产业发展战略的第一支撑，人才资源是产业发展的第一资源，人才引领驱动是实施创新驱动、实现科技自立自强的第一推力。一定意义上，拓展产业新领域、开辟产业新赛道、培育产业新动能、建立产业新优势，须臾离不开人才，尤其需要着力培养造就拔尖创新人才，聚天下英才而用之。而深度考察我国产业发展的人才需求现实，我国仍面临许多一时难以摆脱的困局。

---

1 程都:《我国产业链供应链安全稳定的影响因素分析》,《中国经贸导刊》2021 年第 21 期。

其一，人才供需训用体系失衡。该问题集中体现为现行人才教育培训体系与产业需求人才存在脱节，供需不对称、急需人才短缺的问题更加凸显。相对我国产业发展的人才需求，人力资源总体丰沛过剩，但仍然有相当数量高校毕业生难以落岗。2021年我国高校毕业生达到1076万人，2023年更是达到1158万人。就业难、难就业成为社会热点。反过来看，很多行业则是岗在等人、所需人才严重不足。统计数据显示，半导体产业2021年人才缺口达40万，[1]特别是工艺工程、仪器仪表专业的人才极度匮乏，人才培育实用性不够，二次培育任务艰巨。

其二，人才前置储备相对匮乏。大量成熟、充足的人才补给是确保产业链、供应链安全稳定的关键支撑。当前，我国诸多产业领域的人才储备和跟进培养，相对产业需求来说，明显存在"供不应求"的现象。对企业而言，多数从成本要素投入出发，考量人才培育投资成本过高、培养周期过长，多数企业投入较少、体系也不够健全完善，一旦产业链受到威胁、需要快速扩张时，方感到人才吃紧，招收所需人才困难，海外引才更难。从推进制造强国的愿景考量，我国正处在人才旺盛需求期、数量换质量红利释放压荐期，但不得不面对的现实是——低技能人才供过于求、高科技人才则严重供不应求，由此形成劳动力资源的巨大"堰塞湖"。从适应高精尖新兴产业的发展趋势看，目前我国正处在高科技人才需求强烈的急剧膨胀期，但不得不面对的现实

---

1 李浥东：《论文不好发，薪资待遇低，40万芯片人才缺口该怎么补上？》，人民日报客户端2018年4月24日。

是——急需的数字化技能、专业技能复合型人才十分稀缺，科技领军人更是凤毛麟角，由此出现支撑产业加速转型的人才困局难破的严峻现实。中国汽车工程学会发布的《智能网联汽车人才需求预测报告》显示：2019 年我国汽车行业的智能网联汽车研发人才缺口达 3.7 万人，是目前人才存量的一半。[1]

其三，人才生长生态亟待优化。从我国产业发展实情看，受教育体制和收入市场化影响，目前集成电路、生物医药、高端装备制造等高新技术行业人才面临巨大缺口。以集成电路产业为例，根据业内测算，到 2030 年，我国集成电路产业需要 70 万相关专业人才。[2] 分析其中原因，一方面，受政策制度因素影响，户口难落下、子女教育难安顿、就医养老难衔接、家属工作难调配等原因，让相当多高科技人才对北京、上海等高科技机构望而却步，而许多企业和单位尽管求贤若渴也只能望洋兴叹；另一个方面，受收入分配机制影响，高科技人才越来越多地流向金融、信息消费服务等可实现收入至少翻倍的行业，导致他们的专业优势难发挥，那些急需高素质专业人才的企业招才、引才则愈加困难。在人工智能领域，尽管我国相关人才规模位居世界第二，但位于产业基础层的高端人才占比偏少。再一个方面，受美国政府打压，在美的华人高端人才回国意愿有所提升，但面对美国横加拦阻，加之子女教育、生活环境等现实冲突，人才回流效果不尽如人意。

1　转引自于典、张家振：《智能网联汽车人才竞合"启示录"》，《中国经营报》2022 年 4 月 9 日。

2　刘芃：《报告称产业链存四大堵点痛点 政策组合拳或集中发力》，《经济日报》2021 年 3 月 18 日。

其四，高端人才流失难以抑制。当前，我国大量外资竞相涌入，特别是跨国公司推行本土化战略，通过高薪金、高待遇在我国展开人才争夺，抽吸大量熟悉中国市场、善于经营管理、具有高技术水平的高端人才，许多高科技人才也逐利而去、投奔高枝，许多国有企业技术骨干集体跳槽进入外企的现象屡见不鲜，于是就出现了"一流人才进外企、二流人才进私企、三流人才进国企"的"倒虹吸现象"，让那些以国有和国有控股企业为主体的基础产业、战略产业、支柱产业的发展面临人才紧缺。近年来，我国共有几十万精英学子流失国外，人才流失现象严重。微软、爱立信、英特尔等跨国公司在北京设立的研发中心，大多成了我国高端人才的"集散地"。有关产业部门估算，近两年我国电信行业人才流失占比高达20%以上。[1]高端人才的大量流失犹如对产业发展的釜底抽薪，亦如对产业安全底层基础的最大掏空，不得不引起我们的高度警觉。

"千金何足惜，一士固难求。"党的二十大明确提出深入实施人才强国战略，强调："培养造就大批德才兼备的高素质人才，是国家和民族长远发展大计。功以才成，业由才广。坚持党管人才原则，坚持尊重劳动、尊重知识、尊重人才、尊重创造，实施更加积极、更加开放、更加有效的人才政策，引导广大人才爱党报国、敬业奉献、服务人民。完善人才战略布局，坚持各方面人才一起抓，建设规模宏大、结构合理、素质优良的人才队

1　许海玉：《人才状况调查：电信行业人才缺口大》，《新京报》2009年5月18日。

伍。"[1]贯彻党的二十大战略部署，着眼加快建强我国战略人才、产业人才，加快推进重要人才中心和创新高地建设，以国家战略需求为牵引，深化人才发展体制机制改革，前置一体化布局人才的教育、培育、使用、吸引、保留等工作，通过"强基计划"走开高等院校、科研院所、企业联合培育之路，锻造大批高端人才；通过"筑巢引凤"走开多层次多通道多途径招才、引才、聚才之路，引进大批顶尖人才；通过"靠凤筑巢"走开各类人才脱颖而出、持续涌现、层出不穷、梯次配置之路，造就一批批大师及战略科学家、一流科技领军人才和创新团队、青年科技人才、卓越工程师、大国工匠、高技能人才，促进各路人才用当其时、适得其所、人尽其才、才尽其用，推动在全社会形成真心爱才、悉心育才、倾心引才、精心用才、求贤若渴、不拘一格的生动局面，建立面对国际竞争的显著人才优势，不断把各方面优秀人才集聚到推进我国产业发展的伟大洪流中来。

二、潜在机遇

"祸兮福所倚，福兮祸所伏。"[2]世界上任何事物通常存在互相对立的两个方面，我国产业发展既面临严峻挑战，亦蕴含巨大战略机遇期。这个战略机遇期在全局上能够产生重大、深远的影

---

1 习近平：《高举中国特色社会主义伟大旗帜 为全面建设社会主义现代化国家而团结奋斗——在中国共产党第二十次全国代表大会上的报告（2022 年 10 月 16 日）》，《人民日报》2022 年 10 月 26 日。
2 出自《老子》："祸兮福之所倚，福兮祸之所伏。"

响，是以具有统领性和左右胜败的谋略、方案、对策和具有实现背景、环境、条件来共同支撑的。

析形知变，析势增信。看待我国产业发展态势，既要看"形"，更要看"势"。对中国而言，当前和今后一个时期仍处于产业发展的重要战略机遇期。这是因为从总体大势上把握，只要和平与发展这个大势在，这个战略机遇期就一定在；只要我国经过新中国成立 70 多年特别是改革开放 40 多年稳定发展的根基在，这个战略机遇期就一定在；只要党的坚强领导和中国特色社会主义的独特政治优势在，这个战略机遇期就一定在。

从内在态势看，我国经济长期稳中向好的基本面始终没有变；长期积累形成的雄厚物质基础、丰富人力资源、完整产业体系、强大科技实力及拥有全球最大最富有潜力市场基础条件没有变；社会主义东方大国苍穹广袤博大、有强劲活力韧性、有深厚经济潜力、有灵活政策运用、有经济抵御外部风险能力的基本依托没有变；这让我们在推进中国产业发展、维护产业安全的征程中拥有强大自信底气。拨云方见日，透过笼罩我国产业发展的阴霾，我们不难发现蕴含其中的潜在机遇和有利条件。

蓄势迈向全球价值链高端的量能

当前，以美国为首的西方科技强国，始终紧盯我国科技领域短板弱项，无休止地大搞技术封锁、原材料断供、产业压制，妄图在关键核心领域牢牢卡住我们的"脖子"，坚决遏制迟滞我国产业发展步伐。

伟大的革命领袖毛泽东同志早就预言："多少一点困难怕什么。封锁罢，封锁十年八年，中国的一切问题都解决了。"[1]当年的"两弹一星"是怎么搞出来的？不就是在美国等西方列强层层封锁、强力打压下，才彻底激发出中国人民特别是科技工作者史无前例、人定胜天、战天斗地的英雄气概，让卫星上天、原子弹氢弹试验成功，创造了震惊世界的伟大壮举吗？

到今天，美欧国家仍沿用过去对我国打压那一套，它们骨子里始终害怕我国变得更强大，我国产业越是发展，它们便越是心虚不安，只能使出歇斯底里封堵打压这一招。事物发展就是这样，物极必反。它们打压得越是疯狂至极，越能使全体中国人民彻底认清它们的本来面目、看清其真实嘴脸，彻底丢弃一切幻想和侥幸，越是能激发出我们脚踏实地、顶压前行、开拓奋进的顽强决心意志和强大精神力量，倒逼转化为我们破障前行、一往无前推进产业发展的"加速度"，义无反顾地向着全球价值链高端顶端勇毅冲锋、向着核心关键技术世界之巅强势进击、向着锻造大批民族产业脊梁坚定进发。近年来，我们欣喜地看到一批批标志性成果生动呈现：

诸多"卡脖子"技术取得新突破。发挥科研机构主力军和大型产业集团的引擎引领作用，坚持政府引导、市场主导，通过强强联合、聚力攻关、融合发展，锻造出一大批国家级、省部级和院校级科研创新聚散中心、专业创新平台和创新联盟，我国诸多产业领域经历跟跑、并跑走向了领跑，航空航天、高铁、轨道交

1　毛泽东：《别了，司徒雷登》，《人民日报》1949 年 8 月 19 日。

通、船舶制造、移动支付、5G 等独步全球，中国空间站、"蛟龙号"载人潜水器、中国天眼、悟空号暗物质粒子探测卫星、墨子号卫星等重大科技成果相继问世，北斗卫星导航系统、高铁、工程机械装备等行业核心技术驶入"无人区"，半导体领域已自主研发量产出纳米级芯片光刻机，华为鸿蒙系统成功问世、迭代更新，防疫领域拥有人工体外膜氧合、全自动血细胞分析仪、医用重离子加速器等设备完整知识产权，许多过去"卡脖子"的瓶颈技术进入世界前列。

制造产业世界领先积淀新优势。在近 20 多年特别是加入 WTO 后，我国制造业渐进崛起并逐步确立世界中心位置，在全球供应链体系主导地位稳步形成并日益巩固，全球供应链布局整体呈现向中国集中态势，中国对世界依赖度在下降、全球对中国依赖度在上升，成为全球制造业主导者。2003 年至 2018 年期间，中国中间品、资本品和消费品出口额占全球同类商品出口比重分别上升 7.1、15.2 和 7.6 个百分点，进口额比重同比下降 2.7 个百分点，出口额比重同比上升 13 个百分点，[1] 把我国产业供给能力从依靠外部输入转变为外部依赖中国输出。关键核心技术攻关不断取得突破，多个领域实现从无到有的跨越。企业活力持续迸发，经济效益明显提升，一大批优秀企业、"大国重器"成为国家名片，一大批专精特新中小企业加快涌现，一大批"明日之星"活跃在产业前沿。在全国范围内，各具特色、优势互补的战略性新兴产业集群不断发展壮大，成为保链稳链的可靠支撑。

1　崔晓敏、徐奇渊：《中国出口占全球份额达历史高点》，《财经》2020 年 7 月 12 日。

重要战略物资管理储备达到新水平。健全从政府、企业到居民的多级多层物资供应保障和储备应急体系建设，应急管理部和各省区市应急管理厅联动发力，发布多个《应急物资储备清单》，突出加大粮食、能源、关键医疗设备的战略储备管理，引导从区域到居民有序进行应急战略物资的供应、消费和储备，已建成可覆盖全部省区市 113 个应急物资储备库，并运用信息技术加强储备、管理和保障，国家储备能力显著增强。

产业安全治理管控迈上新高度。中美贸易争端出现后，中国工程院对我国 26 类制造业产业链进行安全评估，分析部分产业链风险点。商务部 2020 年开展重点产业链风险评估排查城市试点，工信部 2021 年启动重点产业链供应链安全监测评估，同年国家发展改革委等 13 部门出台相关文件，将我国产业链供应链安全评估工作向前推进了一大步，同时严防过度刺激引发行业快速膨胀、脱实向虚，严防产业项目运动式上马、急功近利和形成套利重灾区，进一步引导各类产业安全布局。

民族产业创新拓展新空间。长期以来，我国民族产业因技术滞后，一直在夹缝中求生存。尤其是当前，全球产业链加速重塑重构、新旧动能加速转换、落后产业加速退出、本土化趋势加速增强，这也为我国民族产业借势进入、崛起振兴提供了难得契机。这正如有关国家对我国芯片"断供"，反而让华为"海思"一夜转正、瞬间成名，国产操作系统一夜新生、闪亮登场那样，更加有力地激励我国产业蓬勃兴起，这也更加坚定我国立足基本国情，坚持自我发展为主，充分利用空间地域广、劳动力资源多、产业空间大、内需市场潜力强等优势，加快产业资源集约化开发利用，推动民族产业协调、有序、健康发展，涌现出以华润、中核、电科等为代表的国有企业和以华为为杰出代表的民营企业产业创新龙头，在中华大地形成集群效应，民族产业基础不断坚实壮大。

开辟进军发展中国家市场的通路

近些年来，美国继续强势推进霸权治理模式，不择手段地榨取全球价值链最大利润，不负责任地向世界各国转嫁矛盾，对其盟友也不遗余力地实施无差别级打击，特别是对中国的打压更是不留余地，让国际分工体系难以为继、国际资本难以适从，也让越来越多的发展中国家逐步陷入愈发展愈贫穷的境地。

实际上，美国到处串联的套路、遏制中国的企图始终难以得逞，次次机关算尽、次次落空，反倒让我国产业优势更加汇集、能力更加提升、发展更加强劲。近年来，越来越多的发展中国家对中国产业发展，从燃起希望到充满信心，从内在推崇到主动融入，中国式现代化产业体系不断被世界认同接收、跟进追随，中国产业"蛋糕"不断被做大并为世界共享。于是越来越多的发展中国家从向中国抛出"橄榄枝"到积极对接中国产业，从"投桃报李"到主动投入中国怀抱再到竞相向中国开放产业市场，在国际产业贸易寒冬再来临之时，我国产业迎来"春天到来""春暖花开"，在全球产业大萧条时，中国产业却创造了别样风景。

越来越多的发展中国家清醒地意识到，中国产业升级导致的产能过剩，完全可以输入转移到自己国家，既带动了本国产业同步发展，又能借助中国力量实现对本国市场共同开发，还能与中国形成强大统一战线，共同对抗国际资本袭扰破坏。这些年来，我国一直秉持合作共赢、共同发展的理念，在全球价值链贸易对象中，从以发达国家为主转向以发展中国家为主，从而实现与发展中国家的同频共振。

事实深刻告诉我们：一切违反市场交易规则和产业运行规律的做法都是"双刃剑"，注定是伤人亦伤己、损人不利己；那些恶意"断供""脱钩"、强制封锁、强力垄断的种种行径，注定大失人心、徒劳白费，既阻挡不了技术进步、产业发展的历史车轮，反而自取其咎，最终也难以摆脱落败的命运。

不断赢得主导全球经济治理的地位

当今世界的经济治理仍处在美国主导下，但凡遇到突发性事件，美国往往自顾不暇，只能将全球带入危机陷阱中，最后便用污蔑诋毁他国的手段"甩锅"。与此相反，中国在面对突发事件冲击时，不仅能在及时有效应对中，充分显示强大的国家治理能力，而且还能在积极主动帮助其他国家中充分展现世界大国的责任担当，种种表现使中国作为社会主义大国的制度优越性、举国体制和集中力量办大事的综合优势尽显，不断地赢得世界依赖和全球赞赏。

目前，中国经济规模虽仍不及美国，科技、军事、金融、话语权、规则制定等领域的国际影响力也不及美国，但综合优势得到充分显现，中国的诚信、威信不断赢得全球普遍认可。中国致力于推动构建人类命运共同体，赢得广泛国际社会高度认同，共建"一带一路"倡议，赢得全球一致好评，推进合作共赢、互惠互利的主张，赢得国际社会共同推崇。中国完全有能力、有资格、有条件在整体实力不及美国的情况下领导全球经济治理，引领国际经济秩序朝着更好方向发展。

全球经济治理体系易主重构已成必然。当下，"逆全球化"浪潮的兴起和国际经济治理秩序的失控，主要源自世界各国对正在走向没落的新型经济全球化主导力、控制力表示惊恐担忧的过度反应。这种现象触动着全球产业链走向重塑，呼唤着新的国际合作共赢模式的再造，加速着全球化产业体系的重建和国际产业分工秩序的重组。事实证明：一切悖逆于历史潮流的做法，永远阻挡不了世界发展大势、时代轮回变迁和历史前进发展的脚步，最终都会回归到大多数国家渴求发展的强烈期盼上来。于是，呼唤国际经济治理秩序新领导者、主导者的声音正在汇集，成为世界的共同希冀、全球的共同心声和时代的共同脉动。中国从"后疫情时代"走来，正以强劲的经济发展势头领国际之先、时代之先、潮头之先，堪称重燃坠落世界经济发展激情的开路先锋。众多国家特别是发展中国家强烈期待中国在这新一轮经济浪潮中，能够勇敢站在全球经济治理体系前沿，依托共建"一带一路"引擎，引领推动和示范带动全球产业和经济实现绝地反转、走出历史低谷。

境外投资合作共赢开启新路已成必然。未来中国将成为全球供应链的核心、全球产业链的中心、全球价值链的重心不可逆转，面对全球产业结构重大调整的严峻挑战，实施本地化战略，加强政策导向，构建更加开放公平的竞争投资营商环境，巩固我国全球制造业中心区位优势，增强我国产业链对全球的主导力、我国投资对全球的吸引力，这是我国未来产业发展的必然选项，完全契合世界产业大势。适应以智能化、自动化生产为核心的新一轮科技革命和产业变革需要，面对我国生产要素成本上升、参与全球产业空间承压的现实，从降低我国对外关键技术依存度、维护我国产业安全考量，以定向减税、资本注入、设立重大专项等方式，加大对大型企业集团的政策和资金支持力度，促进我国资本和产能优势聚合，加速新型全球化建设进程，为我国拓展境外投资、实现合作共赢提供共同通道。

事实深刻警示我们：当前的经济全球化不仅在通过国际贸易加剧着全球产业竞争，也强烈冲击各国的民族产业安全，并通过全球化生产和金融衍生国际分工和产业生长生态变局。面对全球化风险迅猛而来，产业安全的"防火墙"如不筑牢、风险管控"大闸门"如不卡死，必将丧失关乎国计民生产业和核心技术的控制权。所以，推动中国积极参与全球经济和产业治理、加强国际风险管控势在必行。

积淀打造高质高端高品产业的优势

改革开放以来，在国际产业大浪淘沙式的洗礼下和国内产业培育历史的进程中，我国形成了以投资、出口和内需"三驾马车"拉动的发展模式。近年来，有关国家不断升级的贸易制裁导致我国贸易出口压力明显加大，出口贸易结构发生显著变化，我国经济增长的贡献率占比逐步降低。我国政府基于对投资结构匹配需求变化和有效避免重复建设、避免产能过剩等问题的考量，推动我国发展由高速发展向高效高质高品发展转型，由"三驾马车"逐步演变为以扩大内需为主的"独轮马车"，必将成为未来相当长的一段时期内我国经济增长的主要驱动力。

倒逼内需拉动更加强劲。坚定扩大内需是党中央基于我国正处于快速发展阶段，蕴含巨大消费投资、产业升级空间和外部循环梗阻作出的重大战略选择。这一战略选择充分体现了基于不断满足人民对美好生活向往的大目标，基于产业安全稳定与扩大内需战略双向驱动、贯通衔接的大前提，基于供给体系适配性不断增强、产业转型升级达成效应、产业发展支撑作用有效发挥的大背景，从提高产品和服务供给质量出发，实现以高质量供给引领新需求、创造新消费。坚持聚焦关键领域和薄弱环节，聚焦培育壮大新兴产业，聚焦满足国家重大需求，强化战略投资对技术攻关、迭代应用、基础设施、创新平台、产业集群的引导作用，不断培植壮大产业优势。坚持从深化供给侧结构性改革切入，推动更好发挥市场配置资源的决定性作用和政府职能作用；从加强政府采购、集团采购、企业采购切入，拓宽高新技术产业市场导入端口；从优化要素配置和生产结构调整切入，穿透内需循环堵点瓶颈。加快内需体系的构建，至关重要的是优化、做实和完善内需分配制度，提高劳动收入在初次分配中的比重，壮大中等收入群体，促进劳动价值的充分释放，以扩大内需来增强产业的拉动力。

驱动区域发展更加协调。内需的扩大有赖于产业发展后带来的社会面整体购买力提升，有赖于全社会共同发展、一体进步，有赖于加强产业协同、促进区域系统提升。工业时代，受传统资源条件的约束和市场导向对产业布局的牵引，资本、技术、人才等各种要素自发向东部沿海聚集，产业发展差距加速拉大东西部区域经济发展不平衡。第四次产业革命以来，我国经济发展约束条件发生重大变革，创新、协调、绿色、开放、共享成为具有时代脉动的动力引擎，这为拥有广袤土地、资源富集的西部地区提供了难得发展机遇。随着西部大开发战略深入实施，我国将促进全球产业链、供应链重塑的挑战转化西部产业发展的契机，通过大力弘扬"三线建设""交大西迁"精神，更好地推动财政转移、土地税收、基础设施等优惠政策执行落地，通过促进西部地区和东部沿海地区联手联动发展，特别是建设一批重大项目、引入一批投资产业、建成一批产业集群、打造一批科研高地，有力地带动一批中心城市和县域经济带的振兴发展，推动西部地区实现人口回流、就业提高、收入增长、消费提升，促进贫困地区产业和消费同步升级，形成内需更加充盈、市场更加活跃的局面，进一步奠定从根本脱贫、防止返贫的坚实基础，在促进区域均衡发展中助推国家拉动内需战略的深入落地。

促进制造业优势更加拉伸。制造业是我国经济发展的根基所在，也是我国产业转型升级、高质量发展的主战场。世界百年未有之大变局及复杂多变的国际经贸形势，既是对我国制造业保持竞争优势的考验期，又是优势提升、拉长的机遇期；构建新发展格局，既为我国制造产业聚合优势提供了"蓄水池"，又为防范产业风险设置了"保险箱"。对制造产业而言，当前可谓是挑战与机遇并存、发展和风险同生。在化危中造机、在拉升中固势是提升我国制造业在全球价值链竞争力的必由之路。坚持以实施创新驱动推动制造业向高科技、高附加值产业转型，向新兴科技领域靠近，向产业多元化位移，以巩固和发挥高铁、电力设备、新能源、船舶等领域先发优势，带动形成整个产业链规模优势、配套优势和联动优势，增强面向全球的核心竞争力。聚焦数智化供应链打造，以促进生产与流通、制造与消费、变革与发展的内在匹配和高效畅通为牵引，以工业互联网、数字化技术和产业创新为手段赋能，推动制造向智造、创造转型升级。促进"制造 + 物流"的融合发展，特别是国家发展改革委会同多部门联合印发的《推动物流业、制造业深度融合创新发展实施方案》，支持物流企业与制造企业发展协同共建、互利共赢的长期战略合作，成为我国维护产业安全、促进产业发展的"倍增器"。同时，积极引导我国制造业顺应全球供应链本地化趋势，大力推动中国企业主动走出去对外直接投资，通过牢牢占领国际高端市场继续深度嵌入美欧主导的全球创新网络，形成中国制造业发展势如破竹、中国创造浩气如虹、制造强国脚步势不可挡的强劲态势，确保中国制造业在全球产业链重构中充分绽放、再铸辉煌。

第三章

居安思危：我国产业风险因子透视

近年来，随着中国经济体系融入国际化进程加快，我国产业发展受经济全球化和区域一体化的冲击影响持续加强，特别是贸易保护主义逆流而上、制裁"大棒"肆意横行，引发世界经济大国博弈更趋激烈，我国产业安全威胁日渐凸显。对此，我国必须快速响应、提前预制、有效应对，瞄准主要矛盾主攻，从要害处切入、关键处着力、薄弱处突破，集中优势兵力打好攻坚战持久战，"不破楼兰终不还"，坚决构筑我国经济和产业体系安全的坚强屏障。当前，影响我国产业安全最突出的风险因子，有以下几个方面：

一、新冠疫情肆虐的持续消磨

自 2020 年起，全球新冠疫情阴霾笼罩不散、蔓延态势始终高位不降、侵蚀危害日益走高不减，世界经济秩序和产业发展遭受前所未有的重大销蚀、重大创伤、重大破坏。如今疫情的硝烟虽已散去，但像新冠疫情这种突发性事件带给人类的思考，发人深省。

面对疫情的大流行、大扩散，世界多国不得不常态采取居家隔离、"封城封区"、停工停产、闭门歇业等系列措施，社会需求在下降、生产在减弱、供应运行在换挡，产业发展处在常态静默状态。因工厂关停及运输困难导致中间产品交付常态中断，严重扰动实时生产的制造业；因疫情影响持续放大形成的全球贸易、生产和金融市场对冲效应增强，跨国企业对外直接投资、并购等活动受到直接打击；正在放缓的全球价值链持续扩张，迫使企业通过增加供应商地域多样性来降低风险，加速新一轮贸易保护主义日益抬头，进一步搅乱全球生产秩序、供应秩序、贸易秩序、工作生活秩序。

面对经济持续大萧条、大下滑、大倒退，各国危机意识、自保意识骤然升温，担忧、恐慌、自保情绪急速上升。美股连续大幅下挫、一月内四次熔断。于是，许多国家纷纷出台刺激经济的应急补救措施，对产业布局和发展战略作出重要调整，掀起基于规避地缘政治风险、增强供应韧性的去国外化浪潮，推动基于供应链总体安全考量的产业布局本土化回流，加速基于趋向消费地分散安全考量产业的区域化流动，国际贸易壁垒在增厚、政治冲突在加剧、本土生产在扩张，造成全球自二战以来最严重的世界经济大衰退。

面对经济"回波"冲击，生产受阻、产品需求遇冷、供应链脆弱、产业链断裂成为全球产业的新常态，风险威胁纷至沓来、产业"寒冬"不期而至。发达国家和新兴经济体纷纷制定本土产业规划，有的加大对外资审查和本国产业保护的力度，有的竭力吸引海外制造业回归，有的基于自身安全考虑，替代原有的推进多元化产业布局，产业发展逻辑由过去的讲求效率转向追求安全，全球产业链、供应链发生新变迁，产业链、供应链更趋收敛收缩、产业资本更趋收紧收短、虚拟经济与实体经济更趋脱节背离，产业安全风险进一步加深、经济实力进一步下滑、供需运转机理进一步混乱，全球产业发展面临全面告急。

中国作为世界工厂，改革开放为经济发展积淀了厚实比较优势，形成工业门类齐全、综合配套能力较强、高中低端兼有的产业集群和产业结构。新冠疫情暴发以来，我国产业发展受到的影响也是全方位的。

其一，产业运行趋势在减弱。因疫情造成的原材料常态供不上，引发全球高度精细化产业分工合作发生连锁反应，连带影响我国诸多相关产业领域断链风险日益加强；疫情打破国际经济活动与跨国经济合作，引发国际贸易和投资大幅萎缩，直接波及我国产品进出口，国际贸易受阻趋势日益上升；疫情叠加持续恶化产业供需景气度，联动重创物流运输体系，交通市场停滞，运输工具、港口码头严重紧缺，形成不少外贸企业货运不出、生产企业货进不来、一些企业原材料买不起的恶性循环。

其二，外贸企业生产在减弱。许多企业因全球循环不畅、生产成本高企、需求严重下滑等影响，常态出现订单被暂停、被取消、被流失，常态发生"老订单没着落、新订单无方向"，常态陷入手上有订单、产品能生产而产品交不出、销不了甚至充当"国际漫游"，形成了复工难复产、复产难续产、产出难成交的新怪圈，导致许多企业处于进退维谷的境地。

其三，制造业势头受遏制。全球制造业我国占比接近60%。疫情以来，我国许多需要国外提供原材料、零部件的生产制造企业，因疫情停工停产导致产品断供，在无可替代的情况下，许多企业经营被迫中断、工人被迫待岗。

研判应对疫情对我国产业发展冲击的传导溢出效应，保持产业安全稳定成为当前的紧迫任务。2020年4月，中共中央政治局会议提出的"六保"任务之中的一项就是"保产业链供应链稳定"，这是基于突发特殊情况下统筹发展和安全、掌握经济复苏主动权的有效应对。要想在新冠疫情的大背景下真正做到"保稳定"，我们必须着眼长远、苦练内功，深入研究、科学制定推进我国产业发展中长期规划，加快整合各方资源，加强安全风险预警，痛下决心解决我国产业短板弱项、体系不够完善、核心关键技术和生产流程瓶颈制约，以高质量发展为引擎，以提高现代化水平赋能我国产业发展，不断提升产业链供应链稳定性和竞争力。

抓住窗口期率先发力、主动作为、纵深挺进。用好我国率先控制疫情时间窗口，针对供应链本地化、多元化、数字化转型新趋势，深度融入新发展格局推进产业赋能，加强对多级供应网络整体掌控，聚集各类生产要素，促进产业协调、上下游有效衔接、资源高效配置、供需精准匹配，不断增强我国产业发展的弹性韧性。用好全球高科技"爆炸式"迸发的机会窗口，紧跟供应链流程数字化、网络化、智能化趋势，充分激活大数据、人工智能、云计算和区块链等"在线化""可视化""无接触"能量势场，构建以数据驱动为核心、以供需平台为支撑、以商产融合为主线的新型生产模式，着力提高供应链数字化水平，打通供应链运行梗阻。像联想集团与全球数百家供应商建立端到端运行物流体系，西门子通过数字化平台连接设计、研发、生产和物流，

IBM构建人工智能、自动化驱动操作平台，极大赋能助推产业运行。用好全球因疫情行业梗阻、相关产业爆发式增长的需求窗口，充分发挥我国超大规模市场优势，依托共建"一带一路"，更好开发国内国际两个市场、两种资源，拓展产业发展空间，吸引海外高端产业链在中国落户，既推动我国产业向创新力更强、附加值更高的价值链高端延伸，又抢占我国先进制造业和关键产业链、供应链、研发链高地，全面提高产业修复能力，打造产业安全的"铜墙铁壁"。

坚持因时因情制宜、把脉问诊、对症下药。针对疫情造成的出入境管制措施增多，信息传递渠道受阻，物流运输成本上升种种现象，导致供应链出现"延迟""断裂"。为解决这些困难，我国加紧调整生产模式和物流模式，加强对重点行业、重点地区的分级分类精益管理，创新拓展在线化、个性化服务模式，推进产业质量变革、效率变革、动力变革，打造更加成熟定型、更加强大可控、更具活力韧性的产业体系。针对与疫情防控黏性较强行业的需求强势增长，像防疫化学用品、防疫医疗产业等，我国加强政府、研究机构、企业和行业协会等资源整合，以中小企业为主，推进相关产业多元化全球布局，灵活提高供给保障份额。针对疫情压力测试显露出我国产业链对外依赖大的严峻现实，我国聚焦问题导向、目标导向、未雨绸缪，完善保供预案，加快构建多中心、多节点联动的需求供应网络，开辟多元多样进口供应渠道，加大核心物资战略储备，加快数据信息流转，促进供应保障体系稳健运行。

加强联合抗疫、联手防控、联袂发展。我国积极参与支持全球防疫，深度融入全球价值链国际合作治理，加大对全球防疫物资供应保障力度，促进供应链安全领域国际合作，强固与国际海关、海事组织、万国邮政联盟等国际组织长效合作机制，积极探索与主要贸易伙伴展开更广的合作领域和更多的合作形式。大力支持我国企业加快走出去占领海外市场和国际供应链体系，加强对核心技术、重要原材料、关键节点资源掌控，高效配置全球资源，实现全球化原材料采购、着力扩大市场占有量和提高生产产能，增强对全球供应链的把控力。我国政府以深化"一带一路"建设为契机，探索构建"数字丝绸之路""供应链反恐""供应链自然灾害应对"等全球合作的新模式，促进与沿线国家核心生产要素、区域优势资源、产业链上下游环节相互借力、联动耦合，共建跨区域、全球性的弹性供应链，着力提高我国原始创新能力，既解我国制造业发展、产业链安全、供应链保障之忧，又拓展我国产业发展空间，助力打造制造强国，并辐射带动全球产业链供应链平稳健康运转，为全球经济发展作出中国贡献。

二、美国根深蒂固敌视打压

看历史，美国在其兴于内而忧于外的极端产业战略引导下，在两次世界大战中捞得盆满钵满，完成了巨大财富的原始积累，奠定了其建立世界产业强国、推进世界产业霸权的物质基础。

看历程，从冷战时期"两超"对峙到冷战后"一超"独大，美国依靠超强的产业霸权、军事霸权、金融霸权，一直是全世界的"食利国"，一直沿用美元"收割机"吞噬全球财富，一直操持"胡萝卜加大棒"的霸权逻辑，永不停息地掠夺攫取着世界产业的超级利润。

看本质，长期以来，美国贪婪逐利的丑恶本性始终不变，毫无节制地追求资本利益最大化的罪恶贪念始终不变，肆无忌惮地推动生产要素外迁、最大限度榨取各国产业利润的侵略手段始终不变，不择手段地打压新兴经济体的叵测居心始终不变。

于是，美国真正变身为世界产业的"寄生虫"，成就了其所谓的产业帝国，并建立起全球最为昂贵的福利体系，而这一切都建立于吸食全世界人民血汗基础上。但这种"日不落"寄生生活的"神话"不可能永续上演，实际上，自冷战结束后，美国的产业地位就开始摇摇欲坠、不断下滑。

其一，产业资本加速收缩。美国作为冷战后全球唯一的超级大国，自2001年"9·11"事件开始，多次对海外用兵、耗费巨大。美国布朗大学沃森国际和公共事务研究所报告显示：自2001年至2018年17年间，花费的财政开支超过6.4万亿美元，[1]接近中国2019年GDP的一半。2008年爆发的国际金融危机极大削弱其美元体系在全球影响力，这也让华尔街金融寡头长期靠"剪羊毛"式的全球盘剥掠夺，遇到越来越多国家的强力抵制，全球已有29个国家通过签订本币互换协议、放弃石油美元或从美联储运回黄金等举措规避风险，这也造成美债屡创新高。2020年2月，美债就高达23.4万亿美元，占GDP比重的109%，目

1　国务院新闻办公室：《2019年美国侵犯人权报告》，新华社2020年3月13日电。

前更是突破 25 万亿美元。[1] 股市受国际石油市场变局、国内疫情失控影响，历史罕见地屡创新低，行业专家多次提醒要高度警惕金融危机在美国再次爆发。在这些因素影响下，美国产业资本实力开始单边下行，被迫从资本扩张转向资本收缩。

其二，实体经济加速虚脱。经济发展规律告诉我们，实体经济与虚拟经济只有保持合理比例，才能更好地服务实体经济。当下的美国，因资本趋利驱动着其经济快速脱实走虚。美国三大产业在 GDP 中的占比从 1947 年分别为 7.97%、32.69%、59.34%，到 2018 年分别为 0.8%、18.6%、80.6%，其中第二产业在 1982年已降至 30% 以下、2009 年更是降到 21% 以下，[2] 美国经济处于不断萎缩状态，这标志着其因制造业大量外迁带来的资本、技术、人才大量外流日益加剧，国内实体经济就业岗位大量减少。同时，因第三产业过度膨胀，加剧着以金融业为核心的服务业在经济结构比重日益攀升，偏离实体经济支撑产业发展轨道越来越远，安全风险加速积聚。尽管近年来美国政府已深感其产业安全的"狼来了"，并一直极力推动制造业回归，但经济规律难以抗拒，高度国际化的华尔街金融体系难以逆转，放弃金融霸权欲望让美国难以回头，其决不会放弃金融掠夺这条不归之路，也决不愿走发展实体经济的光明之路。

其三，贸易冲突加速升温。2017 年以来，特朗普政府在

1　郑东华:《开放融合共赢 维护全球产业链供应链安全》,《经济参考报》2020 年 6 月2 日。

2　郑东华:《开放融合共赢 维护全球产业链供应链安全》,《经济参考报》2020 年 6 月2 日。

"美国第一""美国优先"战略的引导下，对内推行经济民族主义，对外实施贸易保护主义。一边频繁退出一系列国际协定，重启区域贸易协定谈判；一边大肆发起针对特定产品和特定国家进行残酷无情的打压，制造贸易壁垒、布设贸易障碍。2018年，美国对进口钢铁和铝产品加征关税，直接挑起中美贸易摩擦，放任冲突战火向投资、科技等领域扩散蔓延，并先后对中兴、华为等我国科技龙头企业实施反复打击。2020年初，中美经多次会谈达成第一阶段协议，关税由升转降，贸易冲突有所降温。但投资和技术冲突仍在加剧，中国对美国直接投资连年大幅下降，被美国纳入"实体清单"的中国企业和机构数目不断增多。贸易冲突使中美间贸易成本大增，美国对中国部分企业实施软件、设备和核心部件断供，在严重伤害中国企业的同时，也在重创自身产业体系和大量相关企业。

其四，四面楚歌加速四面莽撞。进入21世纪以来，面对世界经济多元化发展，美国工业、金融、军事、科技、文化的霸权地位受到严重挑战，特别是坚持和发展中国特色社会主义，以中国式现代化全面推进中华民族伟大复兴的中国和平发展，成为世界第二大经济体，2020年至2022年，中国制造业增加值已连续12年位列世界第一。美国政府不愿接受这一现实，于是便在硬实力、软实力、巧实力上作出重大战略调整，集中力量对付中国、对抗俄罗斯，削弱欧盟、控制中东石油等。为摆脱内外交困的局面，美国既顾不上贸易赤字、制造业空心化加剧，也不顾及对本国自残和对全球毁伤，肆意横飞单边主义大棒，以所谓的贸易逆差、知识产权、国家安全为由，通过加征关税、反对《中国制造 2025》、对华为等高科技企业实施极限施压，其打压达到手段用尽、花招多到无所不用其极的程度，可谓是步步紧逼、层层加码，打出一套套"组合拳"，这也在无形中加剧了美国社会各类矛盾的无限囤积。其中，有一连串问题需要我们深入反思。

其一，美国实体经济为何不断走向衰落？孔子曰："恶有满而不覆者哉？"[1]长期以来，美国一直靠着食全球之利，强夺、吞噬、榨取全世界人民的血汗，形成恶贯满盈的"寄生虫"发展模式，同时也在自酿实体经济不断枯竭的恶果。美国仗着军事强国、金融强国、霸权强国之势，雄霸全球产业链之巅，一刻不停地吸血全球超级垄断利润。为实现其更长更久、更大更多的掠夺全球财富的野心，便大肆将制造业外迁，这也让更多发展中国家有了获得急需发展资金、掌握中低端技术、培养引进人才的机会，反而让美国实体经济加速虚脱、金融风险空前积聚。

2008 年国际金融危机后，美国试图把海外布局的制造业从全球撤回，终因其对金融资本食利"金饭碗"无法割舍，其所鼓噪的这种回归只能是空头支票、徒劳一场。美国已然成为世界上新冠疫情确诊人数、死亡人数最多的国家，投资风险日益攀升，这也使得美国政府清醒认识到从中国产业链、供应链中抽身并非易事，一味"退群""断链""脱钩"等也让其感到自伤不起，更深知其一旦失去我国这一超级规模市场，势必引火烧身，可能造成其整个产业体系全面崩塌，这就是"自作孽，不可活"。

其二，美国为何对中国始终实施无底线碾压？因为美国政府

1　出自《荀子·宥坐》中的《孔子观于鲁桓公之庙》。

骨子里有一种根深蒂固的想法——始终把中国作为头号敌人和战略竞争对手，总想通过打压中国产业、掏空中国经济基础，彻底遏制中国发展壮大的势头；始终内心深藏着莫名的巨大惊恐担忧，害怕坚持和发展中国特色社会主义的中国发展更快更强、走向复兴崛起，害怕中国人民日子更好、更幸福，害怕强大起来的中国实现赶超跨越、成为其推行世界霸权的重大障碍；脑子里始终盘算着打垮中国的固定套路——到处拉帮结派，笼络相关国家当帮凶、做跟班，以制裁、"断供""脱钩"、加税等多重手段加持，对中国产业进行全方位打击，企图借以全面动摇瓦解中国经济发展根基。因此，一直以来，美国对中国打压、遏制和摧毁的决心须臾未动摇、动作须臾未消停、力度须臾未放缓。特别是近年来中国的快速发展，让美国诸多政客的神经高度过敏、心理高度躁动，于是彻底变脸，撕下"温情面纱"，公然变本加厉地对中国不断恶意挑衅。

之所以这样做，是因为美国的最大共识和举国意志。长期以来，美国政府总幻想着把中国踩在脚下，作为其管控分歧、凝聚民众、解决一切问题的"替罪羊"，于是一直在千方百计地寻找给中国致命一击、一次性解决中国问题的机会。美国政府一直在千方百计地用尽一切手段来对付中国，幻想着把中国永远锁死在产业链底端、永远为其奴役使用、永远成为其过不劳而获"寄生虫"式美好生活的成本和耗材。那么，美国敢如此冒天下之大不韪，一刻不停地兴风作浪、掀起逆流，其意欲何为？

实际上，美国政府掀起的反全球化巨浪，只是企图以此来对抗越来越对自己不利的国际经济秩序，想来个趁火打劫。殊不知，多行不义必自毙。美国越是扰乱全球供应链，越是背道逆行，越是加速全球经济下行，越是在加快放大自身通胀率。美国既充当了全球经济衰退的祸首，也必将成为全球的众矢之的。

实际上，美国作为世界第一大经济体、第一大消费国，其本意是想长期依托全球产业、贸易和投资体系，长期过着"寄生虫"生活，长期攫取世界各国产业的丰厚利润，长期供养其昂贵福利体系，但如若彻底毁掉了全球化，美国必将自掘坟墓。

实际上，美国将中国定义为最大战略竞争对手，其最终目的并不是要与中国经济完全"脱钩"，而是想既占领中国高端市场持续攫取"奶酪"，又想通过发起科技领域"脱钩"，从而将中国压制在产业底层继续更多地攫取"奶酪"，在中国全面推进中华民族伟大复兴的新征程上布置更多"地雷爆弹"，而并非想与中国经济完全"脱钩"。

其三，美国的疯狂封锁打压对中国产业会造成何种影响？在全面推进中华民族伟大复兴的新征程上，中国始终以加快构建全球领先创新型国家为发展动力，以推进科技自立自强为战略引擎，积极当好全球产业链供应链体系的重要参与者而非核心主导者控制者。近年来，美国针对中国产业体系所采取的一系列封堵策略，从短期看可能会产生一定负压。

从国际情况看，美国是全球经济规模体量第一的发达国家，中国是全球经济规模体量第二的发展中国家；美国是全球产业体系的主导者、控制者，而中国则是最大的参与者、守护者。中国产业的快速发展，最根本的是坚持中国共产党的领导，得益于我国政治制度和治理体系的显著优越性，得益于改革开放以来，我国坚持对外开放的基本国策，不断从全球贸易和产业中分享到的红利，并因此与世界主要发达国家、新兴大国乃至广大发展中国家间建立了相依相存、兴衰与共的关系。实际上，中国产业发展一直在给全球经济增长和世界人民释放着巨大红利，对全世界来说都是福利。一旦中美产业链供应链"脱钩"，破坏的是全球产业体系完整性，伤害的是世界人民的福祉，加剧的是全球经济的不确定性。

从国内情况看，中国快速发展是建立在持续推进自强自立、强化内需驱动、推进高质量发展的基础之上，并持续致力于与全球产业分工协同体系的深度融合互动、同频共振。而美国将维护其主导的全球产业体系及背后的贸易利益分配机制作为维持其全球霸权的基础条件，作为其掠取全球利益保持其高水平生活的保障模式，造成全球现有产业体系收缩重构难以逆转。专家预判：从中国 GDP 规模接近美国 GDP 的 80% 到超过美国并最终达到美国 1.3 倍左右，这期间是美国采取一切举措来全面封锁和遏制中国的关键时期。[1] 到 2030 年前，我国仍将处于这一时期，这也意味着美国对我压制打击仍将持续。

基于零和博弈思维主导，美国竭尽全力利用其拥有的对全球产业体系破坏能力，全面遏制中国经济规模持续扩大增长、科技高水平自立自强，从高调鼓噪"中国威胁论"到公然发起"亡我

1　郑东华：《开放融合共赢 维护全球产业链供应链安全》，《经济参考报》2020 年 6 月 2 日。

中华论"，从以咄咄逼人的霸凌攻势推行与我国技术"脱钩"到采取多项措施限制两国高科技领域合作，从重点关键产业发展到众多环节领域的全面打压，从硬实力比拼上升到软壁垒真刀真枪较量，从实施"长臂管辖"到实施全面技术封锁，美国对我国推行的技术"脱钩"、封锁打压、遏制排挤达到登峰造极的程度。

在美国无休止地策动摇曳下，我国正面临需求收缩、供给冲击、预期下行的三重负压，产业回流削弱我国出口对 GDP 的支撑，经济下行压力加大，中小微企业面对负面冲击叠加会造成产业体系短期停滞和局部断裂，外向型经济拓展也面临空间承压，但中国产业因历经艰辛成长、岁月砥砺、风雨洗礼，基夯得很实、根扎得很深、台垒得很牢，不管美国如何动作，其终极结果顶多是有所迟滞而不能全面阻滞中国经济和产业发展进程。

其四，美国对中国打压遏制可能采取哪些新招？目前，美国正在利用其在全球产业链、创新链的控制地位，加紧酝酿和精心布局针对中国科技创新和关键核心技术创新领域的同盟体系。如：签订《瓦森纳协定》，意在通过强化同盟、建新同盟将部分新兴国家纳入美国主导的同盟封锁体系，以挤压中国在全球创新链分工协作体系的发展机会和生存空间。

从惯用手法上，打压高科技命门是首招，也是最为恶毒的狠招。2018 年 3 月，特朗普政府以"301 调查"为由，悍然发动对我国航空航天、信息和通信技术、机械等行业进口商品大规模加征关税，限制我国高科技企业在全球投资，打压我国高科技产品出口。"中兴事件"至今令人毛骨悚然，2018 年 4 月 16 日晚，美国商务部发布公告称，美国政府在未来 7 年内禁止中兴通讯向

110

美国企业购买"敏感产品"。美国制裁的不只是中兴通讯，而是整个中国通信产业链。之后，美国多次对华为"举起屠刀"，禁止美国技术全球供应商向华为供货，使得麒麟5纳米芯片生产停止，并四处游说世界各国不要使用华为通信产品。

从惯用伎俩看，打压供应链是美国的常规武器，也是最具杀伤力的恶招。2018年5月，美国以所谓的"国家安全"为由，出台《2019财年国防授权法案》，全面加强对我国出口管制，突出增加对"新兴和基础技术"限制，涵盖5G、人工智能、微处理器技术等14种具有代表性的新兴技术。以所谓的科技网络安全为由，开展对中国高科技公司的全面"围剿"封锁，让中国无法获得美国任何先进科技资源。以所谓的知识产权保护为由，通过签证手段、人才政策、移民政策等防止技术外流，使我国无法延续过去那种引进、消化、吸收、再创新的技术升级路径。此后，美国打压不断延伸范围、扩大领域，从新疆棉花出口到发起中概股退市风波，从挑起"孟晚舟事件"、中行"原油宝"事件到涉及台湾、香港、新疆、西藏等问题……亡我的招数可谓是无穷无尽、此起彼伏、接踵而至。

从惯用手段看，美国联合渗透式打压是不变招法，也是最难防的邪招。像蚕食渗透，美国从制裁反制裁到挑起地缘政治冲突反冲突再到干预中国内政和领土领海主权反干预等路数，编造诸多莫须有的由头，对我国特定企业和机构实施各种制裁干预，不断削弱中美间产业合作关系，企图达成对我国全面立体布控。再像局部"脱钩"，依赖其全球领先的科技创新优势，通过发起对我种种制裁和全面封锁，策动在科技创新领域的全面"脱钩"

和有效隔离，干扰我吸纳集聚全球高端人才，妄图遏制破坏我国原始创新能力，以图保住其全球经济产业霸权地位。还有，像同盟封锁、区域排挤，在中国成功签订《区域全面经济伙伴关系协定》（Regional Comprehensive Economic Partnership）后，美国在2022年随即推出"亚太经济框架"，以此来抗衡封锁排挤中国。面对穷凶极恶美国的封锁打压，中国不会坐以待毙，必须毅然决然地奋起反击。

其五，美国为什么置中国于死地的贼心始终不改？当今世界，矛盾与风险同在、对抗与合作并存，选择发展还是衰落、和平还是战争，是事关世界人类命运共同体建设的重大问题。中美作为世界前两大经济体，两国关系走向直接攸关世界的和平与稳定、繁荣与发展。

近年来，美国越来越偏离正确轨道，硬是把我国从战略合作伙伴发展成了战略竞争对手，将中国自身的发展和壮大视为对美国的挑战和威胁，深层反映是两种政治制度、两种意识形态、两种社会价值观的直接较量和力量比拼，是资本主义强国决不容许社会主义的中国变得强大。中美之争是生存权利之争、意识形态之争、发展模式之争，这背后深藏着美国对中国"不可告人"的罪恶目的——时刻幻想着摧毁强大富裕起来的社会主义中国而保住其永续做资本主义国家龙头老大，幻想着摧毁中国人民对美好生活向往而保住其永续的超级福利，幻想着摧毁中国共产党的钢铁意志而保住其永续为所欲为地征服世界的超级霸权地位，并企图把中国推入"修昔底德陷阱"之中。

实际上，中国过去的发展从未对美国产生威胁，中国发展带给世界的既是机遇更是贡献。中国的发展成就，是党带领亿万人民用自己的双手创造的，是一代又一代中国人顽强拼搏、接力奋斗创造的。历史不会忘记：2008年那场国际金融危机，如果没有中国及时出手相救，美国和世界能那么快渡过难关吗？几十年来，美国如果没有享受到中国持续输入的无数价廉物美商品，怎么维持如此长久的低通胀率？如果没有中国庞大的需求市场，美国那么多的农产品会往哪里销？成百上千的波音飞机会卖到哪里？如果没有中国的对外开放，美国大大小小的投资公司怎么能在中国赚得盆满钵满？如果没有富裕起来的中国买上万亿美元国债，美国金融市场何以能安生？[1]反之，如果美国不对中国讹上以几千亿美元的关税，美国通货膨胀怎能像今天这样居高不下？如果美国能与中国在抗击新冠疫情上紧密合作，美国又怎能成为全球感染和死亡人数最多的国家？[2]

迄今为止，我们看到的都是美国对中国的恶意敌意、挑事找事，感受到的都是美国时时非要与中国过不去、事事非要找中国的碴儿、处处非要排斥孤立中国。透过历史和现实，中国人民更加清醒地意识到——不管美国想如何拉帮结伙整垮中国，其政治图谋最终都无法得逞。没有什么能阻挡中国的发展势头、前进步伐。按2021年统计，中国与美国有着7000多亿美元的贸易，与欧洲有着8000多亿美元的贸易，与日韩有着7000多亿美元的贸

1　［美］帕斯卡尔·保罗、吴冠华：《金融危机的模型扩展》，《金融市场研究》2019年第4期。

2　李云、谢洁华、李成青：《本轮疫情冲击危机与2008年金融危机的比较与展望》，《国际金融》2021年第2期。

易，与东盟有着 8000 多亿美元的贸易，[1] 外国在中国的投资却逆势增长并首次超过美国，而美国像特斯拉这样的大公司还在不停地向中国投资。

不管美国如何穷兵黩武地想推动世界"去中国化"，其政治幻想最终都样样落空。2022 年 8 月，美国通过了《芯片和科学法案》，该法案将提供约 527 亿美元的资金补贴和税收等优惠政策，以吸引各国芯片产业转移到美国去，同时限制接受美方补贴和优惠政策的公司在中国投资。除对芯片产业补贴外，该法案还包括对前沿科技的研发进行拨款，涉及资金共高达 2800 亿美元。[2] 殊不知，当没有中国去买美国芯片之时，不就是美国一家家公司倒闭关门之日吗？

不管美国如何处心积虑地想把中国经济搞得一蹶不振，其政治操弄最终都事与愿违。美国前总统奥巴马说过，如果中国人都能过上美国人的生活，将是世界的灾难。[3] 恰恰相反，如果中国人过不上美好的生活，这个世界就是灾难的世界；如果真让中国发展停滞，才是对美国民众的最大惩罚，才是对这个世界的最大惩罚；如果中美发生重大冲突，这个世界绝无宁日。新加坡总理李显龙早就发出过警告，如果中美发生冲突，一切都完了。[4]

为什么美国联合西方发达国家始终想整垮中国，又屡屡以失

1　吴海龙:《美西方为何难以整垮中国？资深外交官列举四大原因》,《北京日报》2022 年 9 月 6 日。

2　《拜登周二签署芯片法案》,《环球时报》2022 年 8 月 9 日。

3　于滨:《中俄与"自由国际秩序"之兴衰》,《俄罗斯研究》2019 年第 1 期。

4　于滨:《中俄与"自由国际秩序"之兴衰》,《俄罗斯研究》2019 年第 1 期。

败而告终？根本原因在于坚持马克思主义不动摇，坚持党的全面领导不动摇，坚持中国特色社会主义不动摇。世界上没有一个政党拥有如此高的信任支持度，世界上也没有任何一个政党有如此众多的党员；经过中国人民几十年的拼搏奋斗，中国已经有一个基础雄厚坚实且继续增强的综合国力；中国有世界上最为完备的工业体系，最为强大的经济体系，这种体系既能内循环、又能内外循环互促；中国与世界有着广泛深刻联系，与发达国家和发展中国家都有着相互需求、互利互惠、共存共生、不可分割的关系。当今世界，没有哪一个国家和集团势力有撼动、整垮和战胜中国的机会和能力。

因此，中美合作是唯一明智的选择，合则两利、背则两伤，但若搞对抗冲突，输的只会是挑事的一方。中国不会挑战威胁任何人任何国家，愿意成为所有国家的合作伙伴，愿意与所有国家携手共进，共同维护世界的和平稳定、繁荣发展。中国始终把自己的命运与世界的命运、把自己的利益与世界的利益紧紧连在一起，中国愿意为世界各国提供更多机遇，中国体量庞大的市场大门始终是敞开着的，矢志不渝地构建人类命运体，共同开创人类未来的壮美光明前景。

历史和现实深刻警醒我们，美国历来是只"纸老虎"，有时也会变成会吃人的"真老虎"。历史上尚有水浒英雄武松只身打老虎从古到今广为传颂，今天站起来、富起来、强起来的中国决不怕虎，更何况是只"纸老虎"！特别在事关国家核心利益的重大问题上，无论敌人如何强大、道路如何艰险、挑战如何严峻，从来绝不畏惧退缩、绝不屈服低头，不怕牺牲、百折不挠、敢于斗争、勇于胜利是我们的一贯气概秉性，凝聚起全国14亿人民、56个民族的共同意志力量是我们永远不可战胜的最大本钱底气。面对前几年美国政府发动的贸易战是如此，面对今天美国的疯狂挑衅依然是如此，只要有人胆敢冒犯，我们坚决奉陪到底！

历史和现实深刻警醒我们，美国解决权利分配的唯一方法就是发动战争。在过去200多年里，美国以娴熟的手段、丰富的经验，将软硬实力完美结合起来，选择最佳进攻点，陆续把大英帝国、日本、德国、苏联这些超强对手相继踩在脚下。因此，我们不能排除其将资本世界的全部力量都集中到中国身上，以战解决问题，维护其世界霸主地位，以期为正在没落的美国续命。但我们深知，以战方能止战、能战方能胜战、唯胜方能言和的道理；更深知，在事关民族生存危亡重大问题上，任何侥幸都会带来亡国灭种的惨境。面对强大的敌人，我们有足够的精神伟力和国家实力。70多年前的抗美援朝战场上，中国不就是靠着这种不屈不挠、英勇无畏的战斗精神，给美国留下永不磨灭的阴影吗？中国人民志愿军不正是靠着这种精神，让美军不寒而栗、闻风丧胆、学会用汉语说"投降"两个字吗？非常庆幸的是，今天的中国早已彻底认清美国的强盗逻辑和险恶本质，在事关民族生死存亡的核心问题上，绝不信邪、绝不怕压、绝不妥协，坚决维护国家尊严和核心利益，誓把我国发展和安全的主动权牢牢掌握在自己手中！

历史和现实深刻警醒我们，美国从拥有最强资本国家蜕变成今天拥有最强国家的资本，靠的就是其华尔街金融体系血腥统治建立起的金融殖民地，让经济全球化的世界重心沉到了美国。但今非昔比，如今的亚洲经济占比早已超过世界一半、成为绝对的文明主体，东方巨龙早已从沉睡中苏醒，那个任人宰割凌辱的旧中国早已一去不复返，社会主义东方大国正展现着其无比强劲的生命力，日益走近世界舞台中央，这必然引起美国乃至整个资本主义世界的集体焦虑。不止如此，它们更焦虑的是在"一带一路"打通欧亚大陆、连通非洲后，全新世界格局一旦形成，对美国将会带来触动其核心利益、撼动其生存空间的挑战。

三、外资涌入的安全风险

产业安全，静态看主要源自产业面向其他发达国家开放所产生的威胁，动态看主要源自谋求世界经济政治格局霸权地位的国家为争夺产业制高点所产生的竞争威胁。产业发展既始终离不开对外开放、外资注入开拓创新活力的激活牵引，又始终离不开对本国产业有效保护扶持。实际上，发达国家从未放弃过对别国产业的觊觎，往往在大肆鼓噪"边界消亡论""主权终结论"的同时，又疯狂朝着他国新兴市场挺进，在急速自由化、私有化的外向开放博弈中，发展中国家长期处在弱势支配地位。从二战至今，包括我国在内的一些新兴工业国家，把握住了对外开放步伐和节奏，有效地促进了自身产业的发展，反之像一些拉美和东欧国家，让本国经济卷入发达国家产业"车轮"之下，付出了沉重代价。

在中国产业发展高度闭塞时代，以邓小平同志为主要代表的中国共产党人，在深刻总结新中国成立以来正反经验教训的基础上，英明果断地作出把党和国家的工作中心转移到经济建设上来、实行改革开放的历史性决策，成功开创了中国特色社会主义，也让中国产业在融入经济全球化中，迎来快速发展的春天。改革开放以来，我国吸引外商直接投资一直居于世界前列，持续保持迅猛快速高增长的态势，相关数据显示，到 2012 年，三资企业产值在我国工业总产值占比为 24%。[1]

习近平总书记指出："越是开放越要重视安全，统筹好发展和安全两件大事，增强自身竞争能力、开放监管能力、风险防控能力。"[2] 进入新时代，如何正确理顺开放、发展、安全的关系，党中央明确提出"五个统筹"中的"统筹国内发展和国外开放"作为保障产业安全和有效利用外资的基本原则。贯彻我国的基本国策，我们必须清醒认识到我国产业发展离不开对外开放和引进外资，要处理好国内发展和国际环境的关系，既利用好外部的有利条件，又发挥好我们自身的优势，利用国际国内两个市场、两种资源，立足于扩大内需，把扩大内需与扩大外需、利用内资与利用外资结合起来，努力实现国内发展和对外开放相协调。当今的中国不仅要继续扩大对外开放，更要注重在高度开放中解决居安防危不足的问题。

当前，我国正处于实现中华民族伟大复兴的关键时期，经济

---

1 萧冬连：《乡镇企业"异军突起"的历史和机制分析》，《中共党史研究》2021年第5期。
2 《习近平在深圳经济特区建立 40 周年庆祝大会上的讲话（2020 年 10 月 14 日）》，《人民日报》2020 年 10 月 15 日。

已由高速增长阶段转向高质量发展阶段。我国社会主要矛盾发生变化，人民对美好生活的要求不断提高，经济长期向好，市场空间广阔，发展韧性强大，正在形成以国内大循环为主体、国内国际双循环相互促进的新发展格局。我国在外资引进上呈现出以下特点。

其一，外资规模逐渐扩大。我国引进外资，1978 年至 1991 年是试点探索阶段，外商直接投资从 1979 年 8 万美元增至 1991 年 43.7 亿美元。1992 年至 2000 年是快速发展阶段，这一阶段外商直接投资从 110.1 亿美元迅速升至 407.1 亿美元，年均增长 17.8%。[1] 随着时间推移，单项外商直接投资规模也在不断扩大，欧美企业在华单项投资规模动辄几千万、上亿美元，世界 500 强企业几乎全部在中国投资。

其二，外商并购速度逐渐加快。2000 年外资并购中国企业金额为 22.5 亿美元，仅占利用外商直接投资总额的 5.5%。2019 年，外资在华并购金额 350 亿美元，占比上升至 25.3%。[2]

其三，外资领域逐渐拓展。2019 年至 2021 年，新设或增资合同外资 1 亿美元以上大项目数量从 834 个增至 1177 个。2022 年外商投资项目平均规模每项 491.3 万美元，较 2019 年扩大 45.4%。2022 年合同外资 1 亿美元以上大项目实到外资 6534.7 亿元，占我国实际使用外资的 53%；2023 年 1 月至 3 月，合同外资 1 亿美元以上的大项目实到外资 2232.8 亿元，增长 10.4%。

1　尹政平、韩亚品：《更大力度吸引和利用外资》，《经济日报》2023 年 6 月 16 日。

2　尹政平、韩亚品：《更大力度吸引和利用外资》，《经济日报》2023 年 6 月 16 日。

据不完全统计，今年以来新签约外资项目 300 多个，涉及生物医药、先进制造、化工能源、现代服务业等重点行业，[1] 这些领域中不乏直接关联国家安全的核心关键产业。

其四，我国对外开放门槛逐渐放宽。相关人士指出，《"十四五"利用外资发展规划》强调更大力度推动高水平对外开放、更加有效吸引和利用外资，提出压减外商投资准入负面清单、放宽重点领域准入门槛等举措，为新时期利用外资工作提供了指引，将为外商长期在华投资提供更多机遇和支撑。[2]

须知，产业安全是社会经济体系在充满机会和威胁环境中以趋利避害、保生存、图发展为前提。这个前提需立足于与外部经济环境良性互动基础上，需立足于符合自身产业发展"吃得下、撑得着"基础上，需立足于借助外部力量解决自身短板弱项基础上。须知，资本逐利性永远不会改变。如果我们的有关部门守不住产业安全之门，无异于对我国发展生存阵地的主动弃守。早在 1919 年，伟大的革命先行者孙中山先生在《实业计划》中就提出，要利用外资和外国技术人才，但"惟止可利用其资本人才，而主权万不可授之于外人"[3]"惟发展之权，操之在我则存，操之在人则亡"[4]。孙中山先生深刻告诫我们，能否坚持独立主权是利用外资发展本国经济的基本底线，事关民族产业发展的根

---

1 尹政平、韩亚品：《更大力度吸引和利用外资》，《经济日报》2023 年 6 月 16 日。
2 《中国吸收外资有了新指引》，《人民日报》（海外版）2021 年 11 月 2 日。
3 中国社会科学院近代史研究所中华民国史研究室、中山大学历史系孙中山研究室、广东省社会科学院历史研究室编：《孙中山全集》第二卷，中华书局 1982 年，第 530 页。
4 中山大学历史系孙中山研究室、广东省社会科学院历史研究室、中国社会科学院近代史研究所中华民国史研究室编：《孙中山全集》第五卷，中华书局 1985 年，第 623 页。

本大计。产业作为经济社会活动中最具能动性、最有创造力的重要构成部分，如同财富和权力一样，不可任其肆意漂浮，其具有鲜明的政治属性、民族属性，镌刻着国家主权。从根本上讲，国家经济发展始终有赖于民族产业的支撑，维护产业安全始终有赖于政府的呵护，确保民族产业根基不动摇是必须始终牢牢守住的底线。

当前，特别应高度警惕部分外资企业通过股权来控制我国某些行业的龙头企业、知名品牌、生产研发技术及市场规模等，通过产业垄断的方式攫取高额利润。因此，我们必须加大行业监管力度，严控外资跨国企业对我国支柱性产业和龙头性企业的外资并购，加强信息披露监管，加强跟踪预警，确保外资并购企业的从业行为始终在监管视野中。

习近平总书记在中共中央政治局第二次集体学习时强调："优化生产力布局，推动重点产业在国内外有序转移，支持企业深度参与全球产业分工和合作，促进内外产业深度融合，打造自主可控、安全可靠、竞争力强的现代化产业体系。"[1] 实现国家战略性重点行业领域的自主可控是推进产业发展的基本底线。核心关键技术，犹如打开自主可控命脉命门的"金钥匙"，必须从维护国家核心利益出发，抓紧抢占重点行业领域核心关键技术的制高点。只有这样，中国产业发展才会拥有美好未来，维护产业安全才有坚强依托。

---

[1] 《习近平在中共中央政治局第二次集体学习时强调 加快构建新发展格局 增强发展的安全性主动权》，新华社北京 2023 年 2 月 1 日电。

我们要认识到，天上掉不下来馅饼，外资企业来华投资不是来送好处的，更不是来送技术的，而是来占领中国市场攫取产业利润的。引进外资若不能为我所用，就是对改革开放初衷的巨大背离，放手让外资在中国市场上自由驰骋，将可能给自身产业发展带来巨大风险。我国产业培育和技术更新都需要一定时间周期，因此摆脱受制于人的危险境地绝不是短期的事，更要长期努力，永远在路上。据统计：我国出口贸易规模高达 1.5 万亿美元，其中 50% 左右是加工贸易，技术含量和附加值都偏低；每年我国高新技术产品出口接近 4000 亿美元，但加工贸易占到 80% 以上，能够体现技术含量的软件和芯片出口比重不到 6%。[1]因此，中国产业自主可控道路仍然艰辛而漫长。

　　在新形势下，我国利用外资工作的一个重要方向就是要在保持引资总量基本稳定的前提下，持续优化利用外资结构，不断提升利用外资的质量和水平，服务商务高质量发展和经济高质量发展。我国要努力在世界经济结构调整与转换中找准战略位置，既着力打通国际资本融资渠道，以利用国际资本"输血"功能来增强我国产业自主"造血"功能，又着力完善外商投资管理体制和调控方式，不断优化利用外资结构，合理引导外资投向；既积极利用开放机会，主动引进先进技术和管理等方面的有益资源，增强核心竞争力，又主动调整内部产业和组织结构，选择优势领域，提高技术能力，增强内在功力，建立比较优势。同时，要建

1　中华人民共和国商务部综合司、国际贸易经济合作研究院：《中国对外贸易形势报告》（2021 年秋季）。

立健全市场经济法律体系，改革国有企业经营管理制度，尽快制定《国家产业安全法》、修订《反垄断法》《反不正当竞争法》，限制外资不当商业行为、维护公平竞争秩序。

第四章

决胜未来：我国产业安全战略选择

从战略全局上考量我国产业安全，必须基于支撑贯彻总体国家安全观的大前提，基于实现党和国家政治、经济、军事、科技、环境、社会等多领域安全的大统筹，基于促进外部安全和内部安全、传统安全和非传统安全、自身安全和外部安全有机统一的大布局，基于综合考量全球产业时势、条件、变化和我国产业风险、机遇、优势的大审视，从推进中国式现代化、实现中华民族伟大复兴、确保党的事业薪火相传和中华民族永续发展的全局高度定夺战略、科学抉择。

因此，维护我国产业安全的战略选择，我们应坚持以习近平新时代中国特色社会主义思想为指导，坚持以人民安全为宗旨、以政治安全为根本、以经济安全为前提、以军事科技文化社会安全为保障、以促进国际安全为依托，坚持面向未来、普惠全球，坚持冷静观察、谋定而动，坚持关口前移、安全前置，坚持预有准备、沉着应对，统筹好国内国际两个市场、两种资源，保障国家安全与塑造产业安全、构建产业新安全格局与新发展格局。我们应加强中央领导、地方协调与产业的协作联动，把政策引导、法规约束、创新驱动、国际合作贯通起来，瞄准国际一流、推进自主可控、加速现代化进程、贯彻安全高效等原则，聚焦我国产业短板弱项，贯通设计政策方略、规划部署、目标任务，扎实推进固链、补链、优链、强链工作，构建体现政策导向、安全第一、优势领先、法治规制、风险预警、具有核心竞争力的产业体系，为党和国家长治久安、建设社会主义现代化强国，构筑牢不可破的安全防线。

一、建设制造强国，夯实战略支点

习近平总书记深刻指出："制造业是我国经济命脉所系，是立国之本、强国之基。这次抗击新冠肺炎疫情，我国完备的制造业体系发挥了至关重要的支撑作用，再次证明制造业对国家特别是大国发展和安全的重要意义。"[1]明确要求，"要加快经济结构战略性调整，坚持三二一产业融合发展，整体提高先进制造业水平"[2]"要坚定推进产业转型升级，加强自主创新，发展高端制造、智能制造，把我国制造业和实体经济搞上去"[3]。特别在党的二十大报告中突出强调："建设现代化产业体系。坚持把发展经济的着力点放在实体经济上，推进新型工业化，加快建设制造强国、质量强国、航天强国、交通强国、网络强国、数字中

1　习近平：《新发展阶段贯彻新发展理念必然要求构建新发展格局》，《求是》2022 年第 17 期。

2　《习近平：坚定不移深化改革开放 加大创新驱动发展力度》，《人民日报》2013 年 3 月 6 日。

3　《习近平：坚定信心埋头苦干奋勇争先 谱写新时代中原更加出彩的绚丽篇章》，《人民日报》2019 年 9 月 19 日。

国。"[1]这些重要论述把建设制造强国上升到现代化产业体系龙头位置，充分彰显其对我国经济社会发展、推进中国式现代化的强大支撑作用。

制造业历来都是国家经济发展进步的支柱产业，也是全球竞争密集的集中领域。从19世纪初的英国开始，到后来美、德、日等国相继成为全球制造业中心，美国以此起家，日本借此实现二战后迅速崛起，德国靠此掀起第四次工业革命浪潮。同时，制造业还具有最能体现国家科技实力和经济实力、劳动生产率进步、产业链分工和发展现状的鲜明特性。据统计，全球约80%的技术进步和创新成果最先集中应用这一领域，[2]对经济发展、产业协调、价值创造、安全支撑等具有带动引领作用，促进把经济社会发展之根扎深、魂铸牢。因此，习近平总书记称制造业是"立国之本、强国之基"。

在改革开放的春风吹拂下，我国制造业全速发动，经历"8亿件衬衫换一架飞机"艰辛代价和"高铁换牛肉"苦楚发展的"凤凰涅槃"，我国制造业迎来了黄金期，从跟跑、并跑中进入跨越式快速发展，实现从追赶到超越的跃升。这得益于实施改革开放基本国策让我国打开国门、融入世界产业发展大潮，得益于我国巨大市场规模、后发模仿技术、低成本劳动力供给等比较优

1　习近平:《高举中国特色社会主义伟大旗帜 为全面建设社会主义现代化国家而团结奋斗——在中国共产党第二十次全国代表大会上的报告（2022年10月16日）》,《人民日报》2022年10月26日。

2　顾志娟:《工信部王志军:我国必须更加重视发展制造业提升企业技术创新能力》,《新京报》2020年11月28日。

势，也得益于不断减少的贸易成本、不断加快的运输效率和总体安全的国际秩序。2010年，我国制造业增加值已超过美国成为第一制造业大国，到2018年时我国制造业增加值为30.5万亿元，占GDP比重为29.4%，占全世界份额的28%以上，相当于美日德三国制造业增加值总和。[1]

到2010年，我国不仅成为全世界唯一拥有联合国产业分类中全部工业门类产业，而且成为覆盖诸多制造领域的全球供应链中心和众多商品的全球最大消费市场。世界银行数据显示：2018年中国制造业增加值占全球比重超过28%，货物进出口占全球份额的11.8%，是120多个国家和地区的最大贸易伙伴，全球有近200个经济体从中国进口商品。[2] 2015年到2018年，国家发展和改革委员会相继提出两个增强制造业核心竞争力三年行动计划，从六大重点领域拓展到九大重点领域，通过实施关键技术产业化专项攻关，推动我国向着制造强国建设阔步前行，打造出一批具有全球影响力的制造基地和产业集群。

如今，我国已成为全球当之无愧的制造大国。但我们仍要清醒地看到，自身离制造业强国还有很大差距，底层基础还不厚实，产业链不稳不强的问题依然突出；产业供应链体系不够完善，缺乏知识产权和对战略资源、国际市场治理的话语权；对GDP和国家经济体系的贡献率呈下降趋势，发展势头有所减弱；总体处于全球价值链低端，整体附加值偏低；在后发赶超式

---

1 《工业增加值破30万亿大关 我国稳居制造业第一大国》，《经济参考报》2019年9月9日。

2 黄汉权、盛朝迅：《积极维护全球供应链安全和稳定》，《经济日报》2020年3月19日。

发展中积累的产业基础薄弱弊端凸显，关键核心技术"卡脖子"问题严重；产品档次偏低，标准水平和可靠性不高。推进制造业发展还在路上，建设制造强国任务依然十分艰巨。在实现路径上，有以下几点思路。

其一，依托比较优势、建立竞争优势。习近平总书记明确要求："要依托我国超大规模市场和完备产业体系，创造有利于新技术快速大规模应用和迭代升级的独特优势，加速科技成果向现实生产力转化，提升产业链水平，维护产业链安全。"[1]立足比较优势、发展竞争优势，是我国增强产业国际竞争力的基本战略。唯其如此，我们方能最大限度地巩固我国制造业在国际分工的有利地位，进一步夯实我国建设制造强国的坚实基础。

中国是世界上最大的社会主义国家，在制度上具有无比的优越性。中国特色社会主义能够科学调度全社会力量、充分整合各方面资源、全面激活各领域潜力，汇集推进制造业发展的磅礴力量，特别是构建新发展格局，赋予制造产业更加强劲的发展空间和内驱力，实现高质量发展，让我国制造业更好迈上高端化、高效化、高品化的新时代，这是我国独特政治优势的集中体现。

中国是世界上人口最多的国家之一，具有超大规模的市场需求，同时具有全球规模最大的中等收入群体，还具备全部工业门类最为完整的工业体系，拥有强大活力韧性的回旋空间，能够在全球产业分工不断深化、全球市场持续一体化的情况下，充分发挥本土市场互动效应、市场规模诱发效应、国内终端市场规模需

1　习近平：《正确认识和把握中长期经济社会发展重大问题》，《求是》2021年第2期。

求效应，建立完整的产业体系、进行高水平创新创造、孕育世界级都市圈和城市群。全球范围配置资源，有利于我们更好打造形成制造业巨量新形态，这是我国独特内部发展优势的集中体现。

中国是世界上最先控制住疫情并持续压制疫情蔓延最好的国家，也是率先实现复工复产、促进经济康复的国家。相较于世纪疫情肆虐时期，催化价值链重构、全球供应链时续时断、世界制造业三大重要网络时隐时现的实际，我国在疫情防控和经济恢复上取得的巨大成就让我们拥有了制造业发展的重要战略窗口期。在天时、地利、人和的内外条件的加持下，我国更加坚定做强自己，从而拥有了实现"弯道超车"的有利契机——抓住疫情导致发展中国家"供给真空"，更好汇集中国智慧、中国力量、中国优势。这样做有利于更快修复供应链体系、促进制造业高质量发展，有利于更优推动"中国制造"向"中国智造"全面转型，有利于更好巩固传统产业优势，支持中国企业不断开拓国际市场、承接国外转移订单、吸引全球资本回流。这是我国独特先发优势的集中体现。

其二，区分轻重缓急、聚焦重点发力。制造业是个门类众多、多维多向、体量庞大的产业体系。要持续推进制造强国建设，绝不能眉毛胡子一把抓，必须从浩繁的产业体系中找出那些牵一发而动全身的产业门类，抓住现阶段制造业体系面临的主要矛盾，扭住关键环节用力、瞄准要害部位发力、围绕重点业态施力，以主要方向的突破牵引，带动整个制造业体系实现同步跃升。

对我国制造业来说，增强自主可控能力无疑是最为紧迫的任务，突破发达国家"卡脖子"技术无疑是最为急切的现实，坚决防止制造业发展出现"窒息"无疑是第一要务，这就是所谓建设制造强国的"关键""要害""重点"。当前，我国产业链、供应链面临外部产品、零部件、技术等供应受限，面临经常性的"断供""脱钩"、封锁、拦截、围堵威胁，制造业安全风险始终犹如利剑高悬。我们必须深入开展先进制造业集群发展专项行动，在电子信息、高端装备、汽车、新材料等领域培育一批国家先进制造业集群，在核心技术、关键领域、要害行业、重点领域锻造长板，加快推进制造业全球布局。

加快塑造竞争新优势。按照强创新、抓应用、促开放、优生态的思路，我们需面向国家战略需求、面向前瞻性颠覆性技术，加紧推进国家实验室体系建设，加强战略性新兴产业基础研究，加快新一代信息技术、生物医药、航空航天、节能环保、新能源、新材料等产业布局，在建新链、强优链、补断链、延短链中不断赋新能，在推动产业茁壮成长中实现群体性突破，全面扭转目前我国产业链供应链处于国际分工体系底层、价值链低端、科技工艺对外严重依赖的不利局面。

优化区域布局建立产业后优势。根据我国不同区域不同基础条件、优势和潜力，我们需分类明确战略重点，增强产业链发展的战略纵深和回旋空间。东部区域重在巩固扩大领先优势，以长三角一体化发展、粤港澳大湾区建设等为重点，深入实施创新驱动发展战略，推进生产力布局优化调整，继续发挥国家级新区、自主创新示范区、高新区等高端要素集聚平台作用，打造大批具有全球影响力的世界级先进制造业集群。中西部地区重在培育建立新型产业市场，推动中西部原材料、土地、能源等要素和东部资本、技术等优势有效聚合，通过实行土地"占补平衡"、加大产业转移信贷投放、地方税率优惠、财政转移支付等支持政策，加快构建梯队合理、协同高效的产业分工协作体系，提高产业承接转移能力。

选择区位条件较好的区域性中心城市，建立若干新型经济带和产业特区，鼓励加快人口、科技等转移集聚，布局一批带动全局、具有世界竞争力的重大产业项目，建设一批高水平工业集聚区，促进产业集群率先发展、优先布局。扭住嵌入全球供应链的龙头企业和关键环节，围绕龙头企业打造产业核心区和产业生态圈，建设高质量现代产业集群和企业联盟，培育一批细分产品市场居于全球和全国前列的"单打冠军"和研发型销售型头部企业，联手铸就我国制造业不可替代、无与伦比的竞争优势，推动我国从制造大国向制造强国迈进。

其三，健全制造业安全预警管理体系。产业安全是经济安全和发展的基础，是国家制定产业政策、进行经济干预的出发点。从我国产业发展国情出发，这一重心建立于分领域产业链协同发展和预警信息平台上，建设产业链安全数据库，实时监测我国企业在生产、库存、中间产品进出口数量、价格等情况。构建产业链、供应链应急体系和应对断链危机的快反机制，在高风险行业支持发展国产替代，对暂时找不到替代的行业，采取积极措施稳定国外上游企业的关键零部件供应，增强预警及时、储备充足、反应快捷的对抗风险冲击能力。

建立产业链、供应链风险评估评价体系，用统计机制和指数体系实时监测产业运行情况，及时准确掌握不同突发事件情况下可能造成风险的重点环节，前置加强不稳定性预警管理，提高供应链弹性。建立产业协同和数据实时共享平台机制，引导各类企业围绕特定产品建立产业协同组织，打破地域和企业界限，强化上下游企业协同和技术合作攻关，促进产业链上下游企业有效对接沟通，共同解决跨行业、跨领域的关键共性技术问题，提高供应链间的协作效率。

建立产业安全管控系统、知识体系、方法体系，科学评估重大安全可能导致对我国供应链冲击的溢出传导效应的风险，对重点领域、重点地区可能出现的不可抗力做出提前应对。在国家层面成立产业链安全委员会，对因外交事件、国外技术封锁、重大灾害、突发事件等可能引发的产业安全问题，从战略层面快速决策、快速部署。加大资金和人员投入力度，建立专业化的产业链安全评估队伍和机构，针对不同安全风险情境，从技术、市场、资本、产业政策、外交等层面拿出有效应对预案，让产业安全风险始终处在先知先觉、总体可控的状态。

二、推进自主可控，立牢战略牵引

习近平总书记始终高度重视自立自强这一安邦定国的重大战略问题，早在 2016 年 4 月就深刻指出："互联网核心技术是我们最大的'命门'，核心技术受制于人是我们最大的隐患。一个互联网企业即便规模再大、市值再高，如果核心元器件严重依赖外国，供应链的'命门'掌握在别人手里，那就好比在别人的墙基上砌房子，再大再漂亮也可能经不起风雨，甚至会不堪一击。"[1]反复强调，"在日趋激烈的全球综合国力竞争中，我们必须正视现实、承认差距、密切跟踪、迎头赶上，走自主创新道路，采取更加积极有效的应对措施，在涉及未来的重点科技领域超前部署、大胆探索，加快从要素驱动发展为主向创新驱动发展转变，发挥科技创新的支撑引领作用"[2]"产业链、供应链在关键时刻不能掉链子，这是大国经济必须具备的重要特征。要拉长长板，补齐短板，在关系国家安全的领域和节点构建自主可控、安全可靠的国内生产供应体系"[3]。在党的二十大报告中，习近平总书记强调："加快实施创新驱动发展战略。坚持面向世界科技前沿、面向经济主战场、面向国家重大需求、面向人民生命健康，加快实现高水平科技自立自强。以国家战略需求为导向，集聚力量进行原创性引领性科技攻关，坚决打赢关键核心技术攻坚战。加快实施一批具有战略性全局性前瞻性的国家重大科技项目，增强自主创新能力。"[4]

习近平总书记的这些重要指示与在党的十八大以来一以贯之地强调增强产业链、供应链自主可控能力等思想，深刻回答了我国实现自立自强应"从哪里出发""向哪里发力""迈向哪里去"

1 《习近平：在网络安全和信息化工作座谈会上的讲话（2016年4月19日）》，《人民日报》2016年4月26日。

2 《习近平李克强张德江俞正声刘云山王岐山张高丽分别看望出席全国政协十二届一次会议委员并参加讨论》，《人民日报》2013年3月5日。

3 习近平：《国家中长期经济社会发展战略若干重大问题》，《求是》2021年第21期。

4 习近平：《高举中国特色社会主义伟大旗帜 为全面建设社会主义现代化国家而团结奋斗——在中国共产党第二十次全国代表大会上的报告（2022年10月16日）》，《人民日报》2022年10月26日。

等重大问题，标定了新时代我国产业发展通向未来的发展路径，标志着我们党对经济建设规律、产业发展规律、中国式现代化推进规律的认识升华到新高度。

实施自立自强战略，是基于当前国际形势和国内产业链体系现状作出的战略抉择，是维护我国产业安全、构建新发展格局、畅通国内经济大循环的必赢之战。当前，新一轮科技革命加速催化，人工智能、区块链、大数据、云计算等新技术发展方兴未艾，特别是自新冠疫情暴发以来国际贸易摩擦加剧，围绕顶尖技术的国际竞争异常激烈，更加凸显我国在部分关键产业链的短板，个别领域甚至存在"一刀致命"的危险。基于芯片等尖端产业技术和高端供应链被美国牢牢控制的现实，我们必须把实施自主自强、自主可控上升为当前和今后一个相当长时期内的国家战略和发展命脉来打造，着力在培育产业安全源动力上百折不挠、久久为功。

实施自立自强战略，我们应聚焦国计民生的重点领域、国家经济命脉的重点产业、维护国家安全的重点维度，围绕增强自我生存、自主创新、有效反制、威慑震慑能力，建立领先优势、锻造"杀手锏"技术，提高产业抗干扰抗冲击性能、稳固产业核心地位，确保在面对突发冲击时可自我循环保障、面对极端情况时可正常运转，确保遇有经济风险扛得住、遇有自然灾害顶得住、遇有政治风险靠得住。

实施自立自强战略，我们应强调巩固发展产业优势精耕细作，突破"卡脖子"关键领域，打造更多有标志性创新性重大"拳头产品"和独门绝技，增强产业安全可控性能，实现效率与安全的平衡。强调强化产业间联系的黏合度紧固性，促进供求大致均衡，确保关键时候不掉链。强调深植产业链治理的现代化要素，深化产业协同联动，促进区域产业有序分工合作，提高产业组织灵敏性柔韧性成长性，营造"链主"和"链长"并行发挥作用的产业生长环境。

俄罗斯打造产业安全体系的做法对我国有所启发。冷战结束后，西方依然把苏联"继承者"——俄罗斯视作政治上的主要对手和军事上的"假想敌"，特别在俄乌军事冲突发生后，实施了更为严厉的技术封锁，核心和高端产品禁运更是层层加码。俄罗斯深刻意识到，独立和不依赖于任何国家的完整供应链体系比什么都重要。俄国家纲要提出，"建立体系化、涵盖产品从设计到退出使用整个链条、有利于长期发展的产业政策体系"[1]。普京在第三次竞选总统时明确提出：确保俄罗斯国家安全必须恢复"'建模—研发—量产—列装—使用—销毁'的全产业链工业流程"[2]。由俄教育科学部起草的俄罗斯2030年前科学技术发展预测确定，未来俄罗斯科学技术发展的优先方向为：信息通讯技术、生物科技、医药和健康、新材料和纳米技术、自然环境合理使用、运输和空间系统，能源效率和节能。[3]

俄罗斯坚持从技术研发入手，视科技为"决定俄国家经济竞争力和影响国家安全战略成败的关键因素"[4]，主张"自行构建完

1　转引自牛丽红：《俄罗斯信息安全建设新动向》，《学理论》2020年第6期。
2　《普京提出确保俄信息基础设施安全"三大关键任务"》，中新社莫斯科2022年5月20日电。
3　《俄总理确定2030年前科学技术发展优先方向》，环球网 https://m.huanqiu.com。
4　贾中正、李燕：《俄罗斯科技发展战略述评》，《红旗文稿》2018年第24期。

整的国家创新体系"，集中整合国家的人力、物力、财力、组织和基础设施等资源，公开公平地扶持不同所有制的科研组织、团队和个人开展科技创新。俄政府进一步推动科技创新嵌入国家发展战略，以期提升公众对科技研发的认知度和支持度，为开展科技创新活动营造良好政策环境。坚持由国家组织高风险、前瞻性和突破性技术研发，统筹规划和组织国防领域前瞻性创新性尖端性技术开发，加快推进相关产品的国产化实现进口替代，挖掘、动员和联合俄联邦的所有力量，共同构建有利于工业长期、系统化发展的运行机制，推动相关产业发展，提升工业企业在国内外市场竞争力。推广使用国货，密集出台一系列推进俄制产品应用政策措施，加大本国产品应用拉升市场需求、促进国内生产，形成产业发展的良性互动。

这也启迪我们，保障产业链、供应链安全是个系统工程，既需要国家统筹规划，又需要各部门、各行业甚至是全社会协同配合，还需要综合考量国际范围政治、经济乃至军事安全态势，在这些基础上加快推进相关工作。进入新时代，我国产业供应链系统还没有真正做到安全可控，俄中两国在产业发展问题上有许多相似性，俄罗斯过去和现在遇到的问题同样严峻地摆在我们面前，俄罗斯的做法为我们提供了有益借鉴。

其一，坚持以科技创新立心。科技创新是国家走向繁荣富强的立根之本，也是国际产业竞争纵横捭阖的制胜之道。2017年7月30日，中央政治局会议明确提出："要强化科技创新和产业链供应链韧性，加强基础研究，推动应用研究，开展补链强链专项行动，加快解决'卡脖子'难题，发展专精特新中小企业。"[1]
以此为标志，中央对推进科技创新力度持续在加大。面对新一轮
科技革命和产业变革机遇期倒逼，面对我们产业安全形势紧逼，
更需要我们大力弘扬"两弹一星"精神，以国家战略发展定位研
发攻关主攻方向，以深化基础研究为重点切入点，以建链强链补
链为基本路径，加大对数字基础设施关键核心技术攻关，多途径
加大创新投入，着力营造创新生态、增强创新自信，推动我国产
业向"微笑曲线"两端延伸，建强保障国家产业安全的创新支撑
体系。

首先，推动基础研究与原始创新有机衔接。基础研究是推进
科技创新的总源头和解决所有技术问题的总开关，也是实施科技
自立自强必须迈过的"坎"。没有基础研究奠基，原始创新犹如
无源之水。针对我国科学技术存在产业"登高楼"、技术"根基
浅"的突出问题，抓牢抓实基础研究这一夯基固本工程，聚焦国
家安全领域及信息与通信行业等高附加值、高知识高技术密集
领域，加大科研投入力度，构建国家创新体系、提高创新水平，
加快补齐在基础软件设计、关键核心元器件、基础材料、自动化
智能化装置及大型精密仪器设备等领域诸多短板。聚焦关键共性
技术、前沿引领技术、现代工程技术、颠覆性技术创新，积极利
用全球资源和市场，深化国际产业技术合作交流，拓展专业化全
球化市场空间，锻造应对产业链人为断供强有力的反制威慑能

---

1 《中共中央政治局召开会议 分析研究当前经济形势和经济工作 中共中央总书记习近平主
持会议》，新华社北京 2021 年 7 月 30 日电。

力。聚焦打造政府扶持、企业主导、高校和科研机构参与的创新中心，建立以财政投入为主、鼓励企业和社会投入的经费保障机制，广泛吸纳学科拔尖人才，推动技术、人才、数据等各类要素市场联动发力，强化正向激励，优化生长环境，形成创新资源要素有序流动的产业生态。根据《中华人民共和国国民经济和社会发展第十四个五年规划和 2035 年远景目标纲要》，制定实施基础研究十年行动方案，重点布局一批基础学科研究中心。加大基础研究财政投入力度、优化支出结构，对企业投入基础研究实行税收优惠，鼓励社会以捐赠和建立基金等方式多渠道投入，形成持续稳定投入机制，基础研究经费投入占研发经费投入比重提高到 8% 以上。[1]

其次，推动补齐短板和锻造长板有机统一。针对我国长期处于国际产业链、供应链底层、产业发展"大而不强、全而不精"的整体现状，加强顶层设计，科学制定产业的发展链路图、应用展开图、区域分布图，加快形成全球前沿的"国家战略科技力量 + 重点产业链的关键核心技术创新突破能力 + 全球领先的本土高科技跨国企业技术"的"三位一体"创新模式，积极抢占科技竞争和未来发展制高点，锻造培树重要科技领域领跑者、新兴前沿交叉领域开拓者、保障民生和国防安全支撑者。以芯片领域为例，我国芯片设计较强，但电子设计自动化（EDA）方式被国外垄断；封测水平先进，但制造环节薄弱。加强产业发展战略

1　《中华人民共和国国民经济和社会发展第十四个五年规划和 2035 年远景目标纲要》，新华社北京 2021 年 3 月 12 日电。

设计，就是要瞄准全面解决当前和未来重点产业链"卡脖子"关键核心技术搞自主创新，深入推进创新型国家、创新型企业建设，打造以企业为主体、市场为导向的技术创新体系，造就一大批联合开发、优势互补、利益共享、风险共担的创新战略联盟，促进产、学、研自主创新一体化，在建链强链补链中加速创新要素向企业集聚、向产业转化。着力提升面向全球价值链的把控力引领力，以提升全球价值链层次为核心，以夯实供应链基础为主线，以培育产业链生态为平台，以推进区块链应用为抓手，以国家战略性新兴产业为指引，打造集约高效的国家级战略创新集群和产业链供应链营销网络，不断锻造拉升长板以挺进全球价值链高端。

最后，推动专业创新和全员创新有机联动。十三届全国人大四次会议上的《政府工作报告》明确提出："增强产业链供应链自主可控能力，实施好产业基础再造工程，发挥大企业引领支撑和中小微企业协作配套作用。"[1]因此，推动科技创新既需要专业创新力量的主导引领，又需要深植全领域全员额参与的创新土壤；既需要发挥大型企业、高等院校、科研机构创新创造主渠道作用，又需要动员引领全体人民共同投身创新洪流；既需要持续加大对技术市场、生产力促进中心、企业孵化器、留学生创业园等科技中介服务机构的扶持力度，又需要鼓励支持专精特新中小企业共同参与攻关。国际经验表明：每一个世界级"航母"企业

---

1 李克强：《政府工作报告——2021年3月5日在第十三届全国人民代表大会第四次会议上》，新华社北京 2021 年 3 月 12 日电。

背后，都活跃着一大批与之协作配套、长期合作的专精特新中小企业。当前，我国创新体系不够完善、社会创新潜能挖掘不够深入、群众性创新波澜不惊，故此，当务之急是充分激活专精特新中小企业这支新生力量创新潜力，充分激活其专业化强、创新动力足、精细化程度高、特色鲜明、机制灵活、模式新颖的特色优势，积极帮助解决其缺钱、缺技、缺人、缺市场等问题，使之成为推动科技创新的重要策源地和建强产业链发展的生力军。

其二，坚持以产业基础再造植根。习近平总书记明确要求："实施好产业基础再造工程，打牢基础零部件、基础工艺、关键基础材料等基础。"[1] 这一重要指示，抓住了推动自主可控"要穴"。

首先，实施产业基础再造工程必须汇集全社会的共同力量。从本质上看，国家科技能力、国民教育、经济结构、政治文明乃至全体公民的文化素养和价值观念，直接决定整个产业体系的创新能力、技术水平和质量状况，深刻影响着产业体系的国际竞争力。在高新科技与新兴产业携手向纵深领域迈进的新时代，面对信息化、网络化、数字化浪潮向产业流动风高浪急，面对技术合作与技术封锁的国家战略抗衡竞争日趋激烈，面对自由贸易和保护主义的全面博弈更趋白热化，唯有产业基础和底层技术创新成果不断涌现，我们才会拥有畅行产业世界、游刃有余应对安全风险的底气本钱。这种态势的形成，离不开全社会的共同参与和全

---

1 《中央经济工作会议在北京举行 习近平李克强作重要讲话 栗战书汪洋王沪宁赵乐际韩正出席会议》，《人民日报》2020 年 12 月 19 日。

体人民的合力共为。

其次，实施产业基础再造工程必须依托工业和信息化主战场。产业基础再造工程项目大都处在工业和信息化领域世界科技前沿和顶尖位置，是知识资本、人力资本和技术资本长期密集投入追逐的主攻方向。这一领域，既是实施创新驱动发展战略、推动高质量发展、构建新发展格局的主阵地主渠道，又是全面建成社会主义现代化强国的顶梁柱硬支撑，对于建强经济运行架构、固牢实体经济根基、夯实经济发展基础，具有极其重要的战略意义。着力加强国家科研力量有效整合，加快技术短板集中攻关，加快破解关键基础材料、基础零部件、先进基础工艺、产业技术基础、工业基础软件瓶颈制约，营造产业创新应用生态。

最后，实施产业基础再造工程必须整合构建协同创新体系。发挥政府的主导作用，通过建立政策支持、要素投入、激励保障、服务监管等长效机制，营造促进创新生长良好环境。强化企业间协同创新，发挥大型龙头企业引领支撑和中小企业协作配套作用，鼓励有实力的国内企业大胆走出去，深度融入国际产业链、价值链、供应链、创新链，带动提高产业整体创新水平。深化区域间协同创新，畅通产业循环、市场循环和经济社会循环，发挥区域协同创新效应，全力做好产业基础再造和产业链提升工作。用好共建"一带一路"、中欧全面投资协议等跨区域创新合作平台，进一步开放一般制造业领域合作，深化国际产能合作，扩大双向贸易和投资往来，推动国内国际双循环高效联动、相互促进，吸引更多的外资高端制造业项目落地、外资企业和人才来华发展，提升产业链、供应链国际合作水平，形成参与国际合作和竞争的新优势。

其三，坚持以质量提升强基。习近平总书记明确要求："要加强顶层设计、应用牵引、整机带动，强化共性技术供给，深入实施质量提升行动。"[1]走高质量发展之路是推进我国产业质量变革的新路径，本质上要求以高技术和高质量加速产业质量体系整体升级，并长期作为撬动自主自强的"阿基米德支点"。过去，我国的高速增长主要是依靠市场规模驱动、规模出口导向拉动和进口替代扩张来实现的，从技术来源看，蕴含"拿来主义"模仿性移植性成分偏高，原创性、高端型技术含量不足，最终陷入发展后劲和动力不足的尴尬。比如，那些昔日红极一时的老工业基地和企业排头兵，如今为什么却成了需要振兴的地区、需要"救济"的对象？比较优势和质量优势双向驱动是赋予产业强大生命力的制胜法宝，在"双循环"格局下，如何运用好这两大优势、如何依托产业技术搞出更多独门绝技，是全面决胜产业自立自强的根本出路。

首先，要坚持走需求牵引、绿色低碳的产业发展之路。坚持以消费者为中心，强化服务思维导向，围绕一切服务消费者需要去构建产业链供应链，充分满足消费个性化需求，着力提高产业柔性化、敏捷化、定制化品质。以服务碳达峰、碳中和为产业发展总约束，践行绿水青山就是金山银山理念，坚持生态优先、节约集约、绿色低碳，统筹产业结构调整、生态保护、污染治理、

---

1 《中央经济工作会议在北京举行 习近平李克强作重要讲话 栗战书汪洋王沪宁赵乐际韩正出席会议》，《人民日报》2020 年 12 月 19 日。

气候变化等多元要求，科学制定绿色产业相关法律法规，加快建立绿色产业评估标准和认证体系，鼓励龙头企业带头推行节能降耗、治污减排的产业发展模式，强化常态跟踪的全生命周期管控，着力打造绿色商品、绿色生产、绿色物流、绿色金融、绿色回收、绿色消费、绿色生态的产业体系，协同推进降碳、减污、扩绿、降耗。事实证明，绿色低碳是产业发展的未来趋势，也是打造产业质量体系的"常青树"。

其次，要坚持走技术先导、数字赋能的产业发展之路。谁跟上并领先时代、准确把握时代脉搏，谁就能占领产业发展制高点。数字时代，谁重视发挥数字技术的先导力量，谁就能在数字经济突飞猛进中领产业潮流之先。推进产业质量体系建设，必须以数字技术赋能作为产业发展的强劲引擎，方能为产业安全发展插上腾飞翅膀。我国政府一直致力推进产业发展与数字时代同频共振，2019 年商务部就开展数字商务企业培育和遴选工作，并公布 108 家数字商务企业名单。2020 年国务院国有资产监督管理委员会组织开展数字化转型典型案例征集工作，推动国有企业发挥引领示范作用。目前，我国数字基础设施建设成效明显、数字经济规模位居世界前列。截至 2021 年底，全国工业企业关键工序数控化率、数字化研发设计工具普及率分别达到 51.3%、74.7%，比 2012 年分别提高 30.7、25.9 个百分点。[1] 契合信息时代产业发展要求，必须强化数字技术领先思想，加强数字基础设

---

1 《以智能制造为主攻方向 推动产业技术变革和优化升级》，《人民日报》2022 年 10 月 24 日。

施布局和数字资源保护、储存、开发，加快物联网、大数据、边缘计算、区块链、5G、人工智能、增强现实、虚拟现实等新技术集成应用，推动其深度植入产业运营、精准分析、优选方案中，形成数字资源共建共享、数字经济活力迸发、数字治理精准高效的生动格局。事实证明：数字赋能是产业发展的第一资源，也是打造产业质量体系的"动力源"。

最后，要坚持走风险可控、金融筑底的产业发展之路。习近平总书记指出："经济是肌体，金融是血脉，两者共生共荣。"[1]从这个意义讲，深化自主可控，发挥金融产业的持续"造血"、贯通循环功能作用至关重要。唯其如此，才能造就"问渠那得清如许？为有源头活水来"的支撑效应。供应链金融兼具产业和金融的双重属性，是实践金融服务实体经济的最好场景。金融科技实现传统供应链金融线上化，能够快速降低边际成本、极大提升服务效率、有效缓解金融业务流程中的信息不对称问题。金融产业应眼观六路、耳听八方，准确把控"逆全球化"和贸易保护主义弥漫下的世界金融态势，更好发挥供应链金融快速响应、生态共享等服务支撑作用。加强金融支持对接，搭建银企合作平台，创新融资服务模式，着力加持战略性新兴产业、龙头骨干企业、专精特新独角兽企业和瞪羚企业，鼓励金融机构、保险资金、社会资本等为企业创新研发提供融资担保服务，聚力打造契合企业实际需求的资金链服务体系。事实证明，金融筑底是产业发展的重要靠山，也是打造产业质量体系的"蓄水池"。

---

1 《习近平：深化金融供给侧结构性改革 增强金融服务实体经济能力》，《人民日报》2019年2月24日。

三、聚焦推进现代化，占领战略高地

产业现代化是推进中国式现代化建设的关键一环，在党和国家事业发展全局中，具有无可替代的战略地位。从习近平总书记2019年8月在中央财经委员会第五次会议首次提出"产业链现代化"后，这一重大命题频繁出现在党的重要会议和重要文件中，从党的十九届五中全会鲜明提出"提升产业链供应链现代化水平"到《中共中央关于制定国民经济和社会发展第十四个五年规划和二〇三五年远景目标的建议》把"加快发展现代产业体系、推动经济体系优化"作为重要组成部分，特别是党的二十大在部署"加快构建新发展格局，着力推动高质量发展"任务时，把"建设现代化产业体系"单列出来，作为发展经济的战略支点，摆到优先位置，系统提出目标任务、实现路径、重点方向和工作要求，为我们推进实现产业现代化战略提供了根本遵循和方向指引。

在全面建成社会主义现代化强国总体布局中，产业现代化是最具强劲活力、最起支撑作用的关键要素，尤其是在我国经济正处于产业转型升级的重要当口，推进产业现代化无疑是应对世界百年未有之大变局、对抗经济全球化逆流之乱局的有力杠杆，无疑也是实现发展与安全有机衔接、新发展格局有效落地、现代化经济体系建设全面提速、高质量发展扬帆远征的关键抓手，无疑还是推进中国式现代化阔步前行、中华民族复兴伟业行稳致远的战略引擎。

党中央提出的建设现代化产业体系，准确把握了国际产业分工精细化、产业走向融合化、产业发展智能化的时代脉动，积极响应了有效应对国际环境不稳定性不确定性不断增加的时代动向，有力撬动了以产业现代化推进中国式现代化、助力实现中华民族伟大复兴的时代主题。中国作为一个人口众多的发展中国家，在推进全面建设社会主义现代化国家的新征程上，必然会承受许多其他国家不曾遇到的巨大压力和严峻挑战。面对正在加速演进的世界之变、时代之变、历史之变，面对单边主义抬头、"长臂管辖"兴风作浪等多重因素叠加，面对新科技革命加速推进、新一代信息技术全面提高、产业链供应链地位日益攀升，面对"四大考验""四种危险"更加现实而严峻地摆在我们面前，为战胜前进道路上一切艰难险阻、严峻挑战、发展"陷阱"，嵌入产业安全这一"定心丸"、植入现代化产业体系这一"倍增器"，必将助力中华民族伟大复兴号势如破竹、勇立潮头，奠基中国式现代化攻拔城池、夺占高地。因此，产业现代化作为推进中国式现代化的战略安排，既是实现我国经济高质量发展的内在之基，又是应对全球市场碎片化挑战的紧迫之需，更是推动经济、社会和环境可持续发展的现实之托。

现代化是个多层次多维度的历史进程，准确理解党中央对推进产业现代化的战略部署，应确立贯通历史、面向未来的历史观发展观时代观。现代化一直深植于我国产业发展进程中，早在"十一五"规划中，我国就提出紧跟数字化、网络化、智能化总体趋势，播了产业现代化之"种"。"十二五"规划强调，电子信息行业要提高研发水平，增强基础电子自主发展能力，引导向产业链高端延伸，培育了产业现代化之"根"。"十三五"规划突破这一范围，提出支持全产业链协同创新和联合攻关，系统解决"四基"工程化和产业化关键问题，并将其上升到国家战略从政策层面予以推动，开了产业现代化之"枝"。2017 年国务院发布《关于积极推进供应链创新与应用的指导意见》，2018 年商务部、中物联等八部门联合启动全国"供应链创新与应用试点"，2021 年 10 月，国务院办公厅发布《关于积极推进供应链创新与应用的指导意见》，结了产业现代化之"果"。"十四五"规划正式提出产业链现代化，赋予并提出更丰富内涵、更清晰路径、更明确的要求，将产业从微观供应链、中观供应链区域和产业协同拓展到宏观国际供应链合作，从推进第一、第二、第三产业融合发展，提升制造协同化服务化智能化水平拓展到推进供应链数字化智能化发展，从全产业链发展、全行业建设拓展到全体系施策，从效率、技术层拓展到安全管理层，进行全面系统规划，铸了产业现代化之"魂"。

产业链现代化包括材料、设备、工艺、配套设施和结构的现代化，供应链现代化包括采购、仓储、运输、配送设施和流程的现代化，二者高度融合、同频共振、联动促进。从目标导向看，产业现代化体现为产业完整性、价值高端性、全球引领性三个重要维度和依次实现的阶段任务，其中链条完整是基本底线、价值高端是动力牵引、全球引领是方向追求。要想实现"三位一体"的目标，就必须坚持以科技创新为推进动力，以风险防控为重要前提，以奠定国际竞争优势为努力方向，以畅通循环流转为支撑条件，以实现自主可控为发展路径，不断谋求在全球产业链中的控制力治理力和国际话语权，真正成为全球产业链中的先导者引领者示范者。这不仅是中国特色社会主义进入新时代适应经济高质量发展的必然要求，也是顺应全球产业链演变趋势、有效应对世界产业大势的战略抉择，还是塑造我国国际经济合作与竞争新优势的必由之路。推进产业现代化战略实施，坚持从基础环节入手、扭住核心环节发力、带动配套环节跃升，夯实基础竞争优势、增强核心竞争优势、厚植配套竞争优势，不断提高产业整个现代化水平。

推进产业现代化，必须面向世界产业发展前沿、面向经济主战场、面向实现人民对美好生活的向往，以国家重大战略需求为主牵引，以实现自强自立、自主可控为主频道，以推进高质量高水平高安全性为主脉动，以统好中央顶层设计与地方主动作为、政府引导与市场主导、地区布局与区域协同为主枢纽，把各方的力量汇集到现代化这个鼓点上来，同心共力打造现代化产业体系，为推进中国式现代化提供有力支撑。

其一，扭住建强关键链条环节这一主攻方向，锻造核心竞争优势。推进产业现代化的过程，是一个以关键环节突破带动整个产业链条同步跃升的过程，是一个全面补齐产业短板、整体锻压产业长板的过程，是一个强力推进产业创新、持续向供应链高端延展的过程，也是一个聚焦构筑全球核心竞争力、增强产业主导力控制力影响力的过程。推进产业现代化，必须将全面进程锁定于创新链之中，将全面进程建立于加快关键核心技术攻关之中，将全面进程深植于建立核心竞争优势之中，此乃道之所向、终之所求，决定力之所用、行之所为。

首先，坚持在深植创新链中锻造。把推进产业创新置于现代化体系全局建设核心位置，完善党的全面领导体制，健全新型举国体制，强化国家战略科技力量，优化配置创新资源，加强科技基础能力建设，加快实施创新驱动发展战略。基于有效应对"卡脖子"风险，制定国家创新链安全总体战略，实行"揭榜挂帅"，针对战略性领域的共性技术需求打造一批支撑平台，稳步推进国家实验室体系、国家产业创新中心、国家技术创新中心建设，建强国家战略科技支撑体系，加快新兴产业关键技术推广应用，不断夯实关键链条环节科技基础。推动本土大型制造企业围绕核心价值模块，加大研发投入，鼓励互联网头部企业在基础软件领域加快替代创新，争取在底层技术和基础领域形成非对称竞争优势。加快以市场化应用为导向的科技成果转移扩散，用好发达国家和发展中国家的知识资源，建立学习比较优势、促进知识创新。

其次，坚持在完善要素结构中锻造。推动供给侧需求侧同向发力，既着力促进传统产业要素发挥潜能、提质升级，又加强新型产业要素培育、促进技术突破式创新，特别是适应数字化、智能化、网络化、绿色化趋势，注重把大数据、人工智能、云计算、区块链等新兴技术，嵌入土地、资本、劳动等传统要素进行全面赋能，形成新的价值创造系统，有效抵消我国传统生产要素成本增加劣势，推动要素配置模式和生产方式迭代更新，让我国产业发展不断实现新的超越。

最后，坚持在链条无缝衔接中锻造。产业现代化的关键环节在于实现配套节点、次级链条的有效衔接，着眼促进产业协调可持续发展，还需从我国国情出发。目前，我国已形成涵盖各类加工制造、装备制造在内的较为完备的产业体系，当前的重要任务还有推进区域产业梯次转移、有机衔接，打造国家级、省级承接产业转移示范区，促进产业双向转移、协作联动，更好发挥东部产业的示范带动作用，增强中西部产业承接转移能力，同时推动城市交接区域、城乡接合区域、周边县城产业的一体衔接，促进脱贫攻坚和乡村振兴的无缝衔接、优势产业和短板产业的跨区域衔接、发达经济带与相对落后经济带的跨地区衔接、都市圈与乡村圈的跨链条衔接，不断提高产业配套及公共服务产业保障水平，在多区域、多要素、多途径高效整合中聚集形成产业综合优势。

其二，扭住深化产业协同这一有力支撑，锻造联合竞争优势。强化产业协同，立体提高产业链供应链整体竞争能力，培育标志性的龙头"链主"企业，使整个产业体系有更强的创新力、更高的附加值、更安全的可靠性。

首先，坚持全链协同、重点突破。加强顶层设计、应用牵引、整体带动，推动全产业链基础能力提升。聚焦国家重大需求，梳理基础薄弱的突出环节、技术、产品，制定攻关清单，推动"一揽子"技术突破。聚焦基础装备、关键零部件、工业软件、基础材料等重点领域，以龙头产品为突破口，以推动创新为主抓手，以协同攻关为推进器，整合相关企业、研发机构、高校等科研力量，推动从产品设计到材料开发、从生产工艺到装备制造、从示范应用到市场开发一体发力，推动产业链上下游紧密衔接，推动首台、首套、首批次产品形成大规模市场应用生态系统，打造一条龙产业发展格局，促进产业基础能力全链条全体系突破。

其次，坚持点面协同、龙头带动。构建以龙头企业为中心的产业"同心圆"，支持企业家通过创造新模式、开发新技术、制造新产品、拓展新市场，努力当好锻造"小巨人"企业的"孵化器"。坚持把研发设计、技术攻关、生产管理、品牌建设和资本市场等作为培育壮大一批领军企业的"主阵地""磨刀石"，建立分类分级、动态跟踪、精准培育的企业梯队建设清单，实施全链条长周期打造模式，充分激活放大、辐射和带动效应，促进专精特新中小企业快速成长、全面开花、多结硕果，促进向具有国际竞争力的跨国公司转变。

最后，坚持多维协调、一体联动。着眼形成整体推进、全面发展的产业格局，把产业链上诸多企业贯通起来，把影响产业建设多重因素耦合发展，同步同向加以解决，激活全链条动能、赋能全体系跃升。推动解决产业和企业的发展问题同步同向破解，打出财政支持、税收优惠、银行融资、资本市场、风险投资、创新创业的"组合拳"，解决好缺钱的问题；运用多手段融合技术，把科技服务机构、行业头部企业力量调动起来，在技术开发应用、创新成果转化、数字化智能化改造、知识产权保护、上云用云及工业设计服务等方面全力提供帮扶，解决好缺技的问题；运用多途径融入，将专精特新中小企业的人才需求纳入国家各类人才计划和创新平台保障范围，贯通网罗高校、科研院所、大企业和中小企业的流动人才，解决好缺人的问题；运用多平台融市场，综合运用龙头企业委托、政府定向采购赋予、新平台新技术新产品新服务发掘等方式，帮助企业用创新成果尽快打开市场，提高市场占有份额，解决好缺市场的问题。

其三，扭住持续补链强链这一重要任务，锻造后发竞争优势。立足当下紧迫急需，聚焦"卡脖子"关键领域、事关国家安全重点领域、经济社会发展的核心领域，精准施策、精选战法，围绕核心产业构建新链、抢占国际产业链高端空白，围绕国家重大产业布局拉长短链、补齐断链，围绕传统优势产业强化优势链、固化强势链，围绕新兴产业优化链条组合、培育优势特色，建立产业链补链延链项目库，发挥新型举国体制优势，调动部门、企业、行业协会等多方力量，实施重大工程专项、多元化采购和断链断供替代行动，推动基础产业再造、前沿颠覆性技术突破、重大安全风险隐患排解，力争在固强补弱、跟进赶超中奠定后发优势。

坚持分类施策，制定好重点产业补短战略规划，对关键薄弱环节可采取备链计划、多源供应等措施，对民生类、应急防疫类、战略类物资加强战略储备，对"卡脖子"技术加快本土研发试制。强化区域互补，立足在区域内形成布局合理、内部协同、城乡互动、全维联动产业格局，促进区域发展的"齐步走"。强化企业互补，立足在企业间形成特色鲜明、专业精深、配套完善、分工协作的大中小企业联动的产业集群，促进全产业链企业发展的"齐步走"。强化链间互补，立足在产业各链间形成所有链条链路深度融合、以强产业链、供应链拉动创新链、促进价值链，以强创新链、价值链支撑产业链供应链持续升级，促进全产业体系所有链条链路的"齐步走"。

强化协同攻关，集中优势力量攻克处于短板的基础性、通用性技术与关键器件，着力解决生产实践中的共性理论和科学问题，夯实底层基础，构建具有强大弹性韧性的供应链体系，提高风险防范化解和自我修复能力，保障产业体系的循环畅通、供需贯通、运行融通。

立足长远发展，打造核心长板。依托我国产业规模配套优势，把拓优势、锻长板结合起来，既着力推动高铁、电力装备、通信设备、人工智能、量子计算等领域先发优势持续放大，又着力打造出一批助力高质量发展、引领新一轮科技革命和产业变革的产业产品龙头，增强具有反制"卡脖子"的"杀手锏"武器。

四、依托"双循环"，强劲战略引擎

习近平总书记于 2020 年 4 月首次提出，"构建以国内大循环为主体、国内国际双循环相互促进的新发展格局"[1]，在此后诸多重要场合都反复强调这一重大战略思想，深刻指出："面向未来，我们要把满足国内需求作为发展的出发点和落脚点，加快构建完整的内需体系，大力推进科技创新及其他各方面创新，加快推进数字经济、智能制造、生命健康、新材料等战略性新兴产业，形成更多新的增长点、增长极，着力打通生产、分配、流通、消费各个环节，逐步形成以国内大循环为主体、国内国际双循环相互促进的新发展格局，培育新形势下我国参与国际合作和竞争新优势。"[2]保障产业链供应链安全，这是国家长远发展的战

---

1 习近平：《加快构建新发展格局　把握未来发展主动权》，《求是》2023 年第 8 期。
2 《习近平在看望参加政协会议的经济界委员时强调：坚持用全面辩证长远眼光分析经济形势　努力在危机中育新机于变局中开新局》，《人民日报》2020 年 5 月 24 日。

略要求，是构建新发展格局的重要内容，也是稳定工业经济运行的关键举措。

"备豫不虞，为国常道。"以习近平同志为核心的党中央提出"双循环"重大战略思想，是基于世界百年未有之大变局造成的全球产业链供应链局部断裂、国际大循环受阻、国内小循环不畅的客观实际，基于以美国为首的部分西方国家加速推进"去中国化""逆全球化"的严峻形势，基于对社会主义初级阶段的基本国情、社会主要矛盾发生重大变化、我国经济社会发展所处阶段特征的科学判断，基于赋能新时代中国式现代化开启新征程、注入中华民族伟大复兴号巨轮扬帆远航新动能、擘画推进中国经济现代化新路径的战略考量。这一伟大战略创举和重大战略安排，充分体现了党的核心、人民领袖、军队统帅对新形势下国际国内发展大势的敏锐洞察，体现了对保持我国经济产业发展持续向好的战略预制，体现了驾驭经济社会建设全局、把握未来发展走势趋势的高超运筹，反映了当代中国从高速增长向高质量发展的新要求、战略方向的新调整、政策导向的新变革，必将成为引领中国经济行稳致远的"压舱石"、应对经济全球化逆流的"避雷针"、贯通国民经济循环高效畅通的"指南针"、确保我国产业安全发展的"能量场"。

其一，"双循环"战略高度契合推进产业发展的现实要求。"双循环"有利于促进国内国际价值链双向联动、能量互补、高效贯通、畅通运转。从国内情况看，党中央提出的"双循环"，着眼充分发挥我国产业资源和广阔市场的独特禀赋优势，坚持以扩大内需为战略基点，以畅通国内循环为有效依托，以积极参与国际循环为重要补充，以实现经济更高质量更高水平发展为鲜明指向，以维护国家产业和发展安全为基本底线，推动内外循环同向发力，促进建新链、强优链、补断链、延短链一并增力，把生产、分配、流通、消费各环节全面"通"起来，各类产业要素在国内、国际、国内国际三个层面全面"流"起来，聚力打造高能级产业链供应链，不断稳固我国产业基本盘。这种新发展格局是对基于我国超大规模经济优势基础、具有大国特征的经济发展模式重大创新，必将有力推动实现更高质量、更有效率、更加公平、更可持续、更为安全的全面发展，促进内需主导、创新驱动、安全可控、联通国际的融合发展，构筑形成国际竞争新优势、提升产业链供应链更高现代化水平的安全发展。一定意义上讲，产业链供应链如同"底盘"，"双循环"如同"传动轴"，底盘不稳则传动缺力，国内国际循环就面临停滞阻滞，实施"双循环"战略，既保障国家安全，又驱动经济发展。

其二，"双循环"战略高度契合维护产业安全的现实指向。产业安全既离不开国内大循环的筑底，又离不开国际大循环提力，更高水平的开放才能实现更高质量的安全。在经济全球化大背景下，中国经济已深度嵌入世界经济体系，中国产业已深度融入跨境布局与分工协作，"地球村"共享一个技术、市场、产品和优势互补的产业链，成为跨境协同、彼此受益、密不可分的经济共同体，任何国家都需要不断从全球产业链中吸取能量推动本国产业产品质量、服务、效率、模式乃至整个产业链的全面升级。各国产业发展史表明，国内循环越畅通强劲，产业自主可控基础就越坚实；经济开放大门打得越开，越能在激烈竞争中赢得主动。同时要看到，因国内市场规则与国际市场规则存在极大差异性，许多时候参与国际循环不确定性风险可能更高，非经济因素有时难以把控，从更加安全可靠维度考量，将产业关键环节配置布局在国内，做足增强产业替代能力、提供变通供应方式、预制战略"备胎"等备选手段，以降低进入国际循环的安全风险。实施"双循环"战略，通过形成"你中有我、我中有你"的相互嵌套、互促互进的格局，既提高了我国产业面向国际市场的开拓力，又增强足够应对产业风险的应变力，确保在两大循环中进退自如、趋利避害。

其三，"双循环"战略高度契合社会再生产运动的本质规律。社会再生产以生产、分配、流通、消费各环节互为前提、相互影响，并在反复交替循环中推动社会再生产不断从低级迈向更高层级。构建"双循环"，关键要义在于以国内市场为根本依托，打通运转过程各环节的循环梗阻，通过不断优化内在要素比例、完善供给侧结构性改革、提高供给整体质量、满足日益增长更加多样更高层次需求，实现总供给和总需求在更高能级水平上的动态平衡。这种格局强调两大循环既有主次之分，又有联动之能，既相辅相成，又相互牵制。其中，以国内大循环为主体，强调从改革供给侧结构、提高供给水平出发，着力激发内需强大潜力并高效利用内需庞大市场，这是我国未来经济发展的无限潜力的基础依托。同时，我们绝不是割裂中国与世界的经济联系，而是更好利用我国产业底子好、质量优、体量大等优势，以更深层次的改革开放形成对全球资本、科技、资源包括跨国公司的吸引力，形成国外产业更加依赖中国供应、倚重中国资源、依靠中国市场的国际合作态势。因此，实施"双循环"战略，既内在地推动我国产业做强做优做大，又外在地巩固拓展了我国产业竞争优势和领先地位。

其四，"双循环"战略高度契合国家建设发展的总体战略。加快构建新发展格局，强调对创新、协调、绿色、开放、共享的新发展理念一体把握贯彻、协同推进落实。全球价值链管理包括从制造商、供应商、仓库到配送中心和渠道商，从产品研发设计、制造加工到运输、分销营销的集成管理，其也强调加强整合、合作、协调、共享等要求，缺少其中任何一个步骤都会造成整个链条停滞状态。因此，全球价值链管理理念与新发展理念存在内在一致性。促进产业向价值链高端攀升、摆脱低端锁定和增强产业竞争力，必须以融入新发展格局为基本途径，以占领全球价值链为终极追求，以贯彻新发展理念为推进引擎，在实现三者一体有机融合、贯通落实中推动国家建设发展战略的落稳落地。

其五，"双循环"战略高度契合以高质量产业发展助力民族复兴宏大愿景。我国产业发展始终跳不出国际产业循环之大系统、世界百年未有之大变局、中华民族伟大复兴之新征程，在有效应对重大挑战考验中统筹推进实现中国梦与产业安全发展，统筹国内国际两个市场、两种资源、两大循环，把复兴伟业置于近百年来世界政治、经济、军事、科技等历史进程和全球治理体系中思考谋划，正确引导并充分运用在相互交织交汇、相互融合影响中形成难得机遇和广阔空间，不断扩大我国产业发展的主动权话语权，形成与中国力量相匹配的影响力导向力，牵引国际资本、高端技术和跨国公司向中国聚集，努力在全球产业格局中真正建立起于我有利、为我所控的先发优势，不断增强占领未来产业发展制高点的绝对实力，努力开创中国式现代化的崭新光明前景，确保中华民族伟大复兴号胜利抵达中华千年梦想彼岸。在"双循环"下推进我国产业发展，形成同向而行、奋楫扬帆之势，在推进实施上有以下几点。

其一，推动互联互通互融。实施"双循环"战略，坚持内外循环同向发力，体系打通国内自体循环"堵点"、瞄准国际体外循环"痛点"、衔接内外共体循环"断点"，促进两个循环在三个层面全面畅通，实现产业各链条各环节的互联互通互融。

从需求侧入手，依托国内市场构建统一完整内需体系，以内需升级拉动供应链转型升级，以优化需求层级结构推动供给能力同步提升，以推动供给需求的动态匹配打通供需循环"经络"，畅通内外循环"大动脉"；从供给侧改革入手，适应广大人民消费升级现实需要，推进供应链结构重组、资源整合、流程优化，加快上下游协调互动、协同创新，形成新的产业协作模式、资源配置和价值创造体系，突出提高资源配置效率和对需求侧响应速率效率，高质量满足消费者多元需求，实现两端融会贯通；从打通国内循环入手，立足满足多元化多样化多层次国内需求，着力提高供应保障质量水平和产业完整性适配性安全性，推动在更高水平上实现内循环的全面贯通；从打通外部循环入手，充分发挥国内市场的独特比较优势，不断增大对国际资源、资本、产业、技术等要素超强吸引力、超值诱惑力、强大黏附力，创造国际市场始终离不开中国市场、各国产业始终离不开中国产业、全球供需始终离不开中国供应的有利局面，形成国际合作不断强化、深化、优化和两种链条高度咬合、密不可分、良性互动的势场；从打通流通体系入手，围绕贯通产业体系各环节和上下游各企业循环，有效利用现有的国家物流枢纽节点、国家骨干冷链物流基地、区域物流分拨和流通企业及农村物流点位，形成高效一体联动网络，有效带动公路、铁路、航空、港口等智能化信息化物流基础设施建设，着力锻造现代化、高水平、高效率的现代流通体系，这是"双循环"的坚强支撑。

畅通循环的终端终点在市场，当前的重要任务之一在于着力构建高效规范、公平竞争、充分开放的全国统一大市场。充分发挥市场在资源配置中的决定性作用和更好发挥政府作用，加强政策引导，加快政府转变职能，坚持放管结合、放管并重，扭住市场供应、平台、信息、规则等关键要素，理顺产业和产品市场、国内和国际市场、有形和无形市场关系，促进区域要素有序流动、多元主体健康成长、产业一体发展，形成监管无缝对接、进出有序、实体交易价与期货市场价趋同。加快建立完善全国统一的市场制度规则，打破地方保护和市场分割，打通制约循环流转的关键堵点，促进供需要素在更大范围内畅通流动，让需求更好引领供给，让供给更好地服务需求，用大市场集聚资源、引导创新、优化分工。加强市场监管，优化市场配置、完善价格体系、促进市场公平、降低生产成本、严格市场准入门槛，壮大市场主体、提升供给质量、优化流通渠道，努力形成供需互促、产销并进、畅通高效的产业市场生态。

其二，筑牢产业安全屏障。高质量产业安全源自高水平融入全球产业链安全配置体系，主要体现在产业自循环系统在关键时刻不能"掉链子"，既要服务好经济高质量发展，又要满足人民对美好生活向往。产业外循环系统不断实现价值增值、自主可控、安全可靠，持续推动深化产品质量、技术和品质的创新，确保无论外部环境如何变化，都能做到"任凭风浪起，稳坐钓鱼船"。

经过近三年疫情实战反复测试，我国产业链、供应链的突出短板和风险隐患得以充分暴露，特别是在高端数控机床、芯片、光刻机、智能手机操作系统等数十个关乎国计民生、国家战略安全的领域，存在高端产品供给不足、部分核心关键技术持续卡壳等突出问题，使得一些西方国家以产业链供应链为武器，动辄对我国搞制裁"断供"。因此，提升产业自主可控和安全可靠水平比以往任何时候都显得更加紧迫。

链条定律和木桶原理告诉我们——一个链条的强度最终取决于所有环节中最脆弱的，而不是最强的那一环；一只木桶的最大盛水量最终取决于所有木板中最短的，而不是最长的那一块。国际贸易和产业分工事实一再警醒我们，发达国家及其跨国企业对高利润率欲望、追求对市场长期控制从无满足、放弃之念，想从它们手中获取高端垄断技术无异于"痴人说梦"，任何外部力量终归都是靠不住的。

因此，我们必须擦亮眼睛、保持高度警醒。这也倒逼我们必须立足独立自主、自强自立，坚持科技和市场两场齐力，加快构建更加强大、智慧、安全的高能级产业链供应链，同时联合世界上一切可以联合的力量，共同守护全球产业安全。

其三，依托创新升级赋能。社会的劳动生产力，首先是科学的力量。产业发展的根本动力在创新，产业模式转型也在于创新。伴随我国经济进入到高质量发展阶段，推动我国产业从价值链低端向高端跃进，实施"双循环"战略，有利于我们更好地发掘和用好内外力量，充分激活创新动能，从更多更广领域锻造更多颠覆性原创性技术，不断奠基产业价值链突破低位、占领"微笑曲线"顶端，切实摆脱对国外高品质产品依赖，护航产业安全可控。

长期以来，因我国关键核心技术受制于人状况没有得到根本性改变，导致我国供应链产业链抗打击、御风险能力偏弱，断链风险不断加大，生产经营、经济运行遭受国际产业的重大冲击。我们必须深知，任何时候任何情况下，关键核心技术是要不来、买不来、讨不来的。唯一的出路和办法是发挥新型举国体制优势，用实现中国式现代化的宏大目标激发全社会创造创新创业的动力动能、热情激情，集中全社会的资源力量举国合力攻坚，以高质量科技供给推动高水平的自主创新，形成大批具有国际竞争力的企业和占据国际产业链龙头位置的"链主"，以高质量高水平的创新创造守护产业安全，这才是最放心最牢靠的。

推进创新链发展，必须紧扣经济社会发展阶段性特征和现实需求，以提高经济持续发展能力、产业核心竞争力、公共服务能力和国家安全保障能力为主追求，以紧跟世界科技前沿、紧贴国家重大需求、紧扣时代脉搏为主链路，坚持着眼长远、梯次展开，坚持一体联动、久久为功，把产业链和创新链贯通对接起来，推动国家科研创新资源快速向重点领域、重点项目、重点单位倾斜集结，在持续不断的量变积累中实现质的飞跃，确保关键核心技术攻得下、控得牢、立得稳。

推进"双循环"视野下的创新链发展，最终体现在提升产品价值链、优化供需链、扩展空间链，摆脱低端产品过剩、中端产品单一、高端产品受控于人的不利状况，畅通内外循环、促进供需均衡、提高保障水平。实现这一技术变革，关键在于发挥专业机构、高等院校和大型国有企业的创新主力军顶梁柱作用，激励他们在攻关克难中当尖兵打头阵，通过积沙成塔、积水成渊，连点成线、聚线成面，坚决攻占技术"孤岛"，夺占创新高地。

五、建强国有企业，厚植战略支撑

在全球化背景下，任何国家的经济发展终归要融入全球经济大循环之中，任何产业链终归要嵌入全球产业大格局中，任何一种产业终归要植入国际产业分工大体系中。而所有这一切，都最终依托于各种类型的企业来承载和实现。

对国家而言，大型企业地位作用非常重要，犹如国家经济发展的"大动脉"，起着支撑经济、主导产业、稳定供给、对抗冲击的重要作用，成为国家经济、政治、社会、国防等各个领域安全的"大命门"；犹如国家产业发展的"大引擎"，起着整合行业资源、集成创新成果、突破技术瓶颈、拉动供需配套、建立领先优势的重要作用，成为国家产业发展的"大部队"；犹如产业产品输出中的"大枢纽"，起着配置全球资源、集聚资金技术、占领产业高端、促进产业分工、引导产业趋势的重要作用，成为代表国家参与国际经济和产业竞争的"大支撑"。据统计，每年全球发明的新技术与新工艺中，70%以上来自世界500强企业。[1]

新中国成立以来的实践证明，我国国有企业既是中国特色社会主义的重要政治基础和物质基础，又是中国特色社会主义经济建设最值得信赖、依靠的重要力量，更是发挥举国体制优势、推进国家自主可控、打造产业核心竞争力的重要策源地。主要体现在以下几方面。

其一，稳定国民经济运行的关键力量。党的二十大报告深刻指出："深化国资国企改革，加快国有经济布局优化和结构调整，推动国有资本和国有企业做强做优做大，提升企业核心竞争力。"[2]这也进一步明确了国有企业的发展方向、服从服务于国家经济发展战略的目标任务。国有企业作为中国特色社会主义市场经济中最重要的微观主体和推进中国式现代化的经济基础，不但是国民经济建设的"主动脉"，而且是基础产业、民生产品、国防军工等涉及国家经济运行安全的"主支撑"；不但是保障国家重要行业、重要能源、重要物资、重要产品的"主渠道"，而且是提高全国人民生活水平和质量、稳定国计民生、保障强大内需、维护产业安全的"主力军"，还在稳定物价、创造就业、维护金融安全、平衡国际收支、应对突发事件等方面发挥着无可替

1　舒圣祥：《以"强创新"催生"强首府"高质量发展新动能》，《广西日报》2020年12月10日。

2　习近平：《高举中国特色社会主义伟大旗帜　为全面建设社会主义现代化国家而团结奋斗——在中国共产党第二十次全国代表大会上的报告（2022年10月16日）》，《人民日报》2022年10月26日。

代、无与伦比的作用。

特别是中央企业业务链长、体系完整，在我国国民经济全部行业 20 个门类和 97 个行业大类中，国有经济涉及 94 个行业，中央企业及各级子企业经营业务涉及 19 个门类和 90 个行业大类，且主业处于石油石化、电力、通信、军工、机械、建筑等基础产业领域，资产总额达 75.6 万亿元，2012 年至 2021 年累计实现利润总额达 15.7 万亿元，年均增长 8%。"十三五"时期，国有企业累计上缴税费 17.6 万亿元，约占全国同期税收收入 1/4。[1] 可以说，国有企业既是我国经济社会稳定的基石、产业发展的主导、产业安全的支撑，又是维护我国主权独立、稳定宏观经济、支撑基础民生的重要力量。

世界各国发展经验表明，没有最基本的保障，社会难以正常运行，经济难以有序发展。对中国而言，唯有把国有企业做大、做优、做强，"后疫情时代"中国经济发展才有行稳致远的坚实根基，引领世界潮流之先、建设全球经济新秩序才有中国舞台。进入新时代，充分发挥国有企业强大战斗力影响力带动力和抗风险能力的内在特性，立足我国超大规模经济体的固有优势，坚定走高质量发展之路，加快自身改革步伐，瞄准世界科技高地、产业发展前沿，健全自主创新体系，建立超前研发及技术储备体制，以促进产业链坚挺稳定，以更好承担起反经济周期、稳宏观经济运行的任务，为把我国建成富强民主文明和谐美丽的社会主义现代化强国、跻身创新型国家前列，发挥核心骨干带动作用。

---

1 《96 家进入世界 500 强！国企十年成绩单》，《经济日报》2022 年 6 月 18 日。

其二，实施新型举国体制的硬核力量。持续深化创新是推动国民经济发展的永恒动力，建设创新型国家、打造创新型企业是当代中国产业发展的重要引擎。我国国有企业天然内置着社会主义制度集中力量办大事的强大功能和调度举国力量、整合举国资源、聚合举国投入、促进举国协同的独特优势，并汇集着全国 70% 以上技术人才，无可争议地成为扛起新型举国体制、推动国家科技和产业升级战略任务的主力。对投入巨大、技术难度高、市场主体难以单独攻克的重大战略性基础性创新任务，国有企业可借助中国特色的"政府＋市场"协同融合功能，通过集约调度各方资源力量，贯通国有企业、民营企业、高校、科研院所及军队的科研创新骨干，深入推进多主体联合攻关，把新型举国体制的规模优势、劳动力优势、政治优势充分释放出来，推动我国产业发展更加强势强劲。

习近平总书记深刻指出，"我们很多产业链供应链都需要科技解决方案，能够提供这种解决方案的只能是奋战在一线的千千万万科技工作者和市场主体"[1]。目前，我国有企业近4000万家，这些企业都是提供产业发展难题解决方案、推进技术创新的重要力量源泉和有力靠山。党的十八大以来，依托新型举国创新体制，国有企业一直是我国建设创新型国家的骨干力量，国有企业在载人航天、探月工程、特高压柔性直流输电、深海探测、高速铁路等领域取得一批具有世界先进水平的标志性重大科技创新

---

1 《习近平在科学家座谈会上的讲话（2020 年 9 月 11 日）》，《人民日报》2020 年 9 月 12 日。

成果。截至 2021 年底，中央企业拥有国内研发机构 5327 个，其中国家重点实验室 91 个、国家技术创新中心 4 个、国家工程技术研究中心 97 个。[1] 2021 年进入《财富》世界 500 强的中国企业有 145 家，其中，国有企业达 98 家。[2]

其三，打造国际竞争优势的支撑力量。党的二十大报告指出，"中国坚持对外开放的基本国策，坚定奉行互利共赢的开放战略，不断以中国新发展为世界提供新机遇，推动建设开放型世界经济，更好惠及各国人民。中国坚持经济全球化正确方向，推动贸易和投资自由化便利化，推进双边、区域和多边合作，促进国际宏观经济政策协调，共同营造有利于发展的国际环境，共同培育全球发展新动能"[3]。国有企业作为中国全球价值链地位提升的主导者、全球经济治理的深度参与者、世界经济和谐发展的推动者，在当前我国经济深度嵌入国际产业分工体系、产业市场竞争空前激烈情况下，贯彻对外开放基本国策，把高水平"走出去"和高质量"请进来"紧密结合起来，自觉摒弃过去那种"大而不强、小而不精"和片面追求规模扩张的粗放式发展模式，强化目标引领、精准对标、能力建设，更加注重规模质量效应，更加突出苦练内功、体系建设，更加注重产业链核心环节管控，更加注重从产业上下游到原材料、从技术获取到市场开拓等方面的

1　国务院国资委研究中心：《中央企业高质量发展报告（2022）》，国务院国有资产监督管理委员会 http://www.sasac.gov.cn。

2　王降：《国有企业要成为我国新发展阶段的主力军》，《中国经济报告》2021 年第 4 期。

3　习近平：《高举中国特色社会主义伟大旗帜　为全面建设社会主义现代化国家而团结奋斗——在中国共产党第二十次全国代表大会上的报告（2022 年 10 月 16 日）》，《人民日报》2022 年 10 月 26 日。

贯通衔接，更加注重产业营商环境的打造，更加注重核心竞争力的培育，推动加快产业价值链升级、补齐短板弱项，有效增强竞争实力，带动形成规模效应，努力在激烈国际国内市场竞争中闯出一片新天地，助力中国产业不断向国际产业分工价值链高端跃进。

无疑，国有企业要实现更好发展，始终离不开改革开放这关键的一招，但开放一定是有底线开放，开放的根本目的是为更好吸收国外资源为我所用、更好促进企业发展、更好培植民族工业，绝不是全面融入西方产业体系，更不能丢弃民族产业阵地、丧失我国产业独立自主性。尤其要警惕在国家战略型国有企业中，搞以"私有化"为核心的"市场化改革"和以"不惜代价招商引资"的扩大开放，放任中国人民70多年艰苦卓绝、艰辛积累形成的国有科技和经济体系被外企打散、国有资产被外企侵占吞并、不设防地让外企在国有领域扩大地盘，如果是这样，这就是国有资产的流失、国有阵地的失守，甚至可能使少数国有企业沦为外企附庸，这是推进国有企业改革开放决不允许的，这方面的口子决不能开，如有这方面的问题，必须予以坚决纠正。

六、深化产业治理，拓展战略空间

2019年11月5日，习近平主席在第二届中国国际进口博览会开幕式上的主旨演讲中指出："经济全球化是历史潮流。尽管会出现一些回头浪，尽管会遇到很多险滩暗礁，但大江大河奔腾向前的势头是谁也阻挡不了的。"[1] 从推进产业发展维度理解这一重要论述，产业发展终究要汇合到奔腾不息国际产业潮流中，回归到遵从经济规律、产业规律正常轨道，而避免"回头浪"、防止触"险滩暗礁"，根本之要在于深入贯通国际国内两个赛道，促进形成强有力的产业治理。

当今，世界之变、时代之变前所未有，人类社会面临的挑战也前所未有，我国产业发展又一次站在历史的十字路口，人心所向、大势所趋决定了产业发展滚滚向前的历史潮流谁也阻挡逆转不了，人类共同赖以生存的产业家园谁也摧毁不掉、践踏不倒，产业发展的未来必将无限光明美好。只有共同致力于建立人类命运共同体，共同维护联合国宪章宗旨和原则奠基的国际秩序，共同遵循多边贸易体制的核心价值原则，共同把全球市场的"蛋糕"做大、把全球共享的机制做实、把全球合作的方式做活，共同恪守手拉手不松手、齐筑墙不拆墙，共同打造开放包容、共建共生、共赢共享、公平公正、安全可控、责任共担的全球产业供给合作体系，共同提高新兴市场国家、发展中国家在全球产业治理中的发言权影响力，才能推动世界产业共同繁荣发展、创造人类共同美好生活。

经济全球化历史趋势不可逆转，唯有驾驭国际产业大势、把准时代发展脉搏、深度参与国际产业治理，方能更好奠定产业发展新胜势。马克思早就指出："过去那种地方的和民族的自给自

---

1 《习近平出席第二届中国国际进口博览会开幕式并发表主旨演讲 倡议共建开放合作、开放创新、开放共享的世界经济 宣布中国采取新举措推动更高水平对外开放》，《人民日报》2019 年 11 月 6 日。

足和闭关自守状态，被各民族的各方面的互相往来和各方面的互相依赖所代替了。"[1]列宁认为："人类的整个经济、政治和精神生活，在资本主义制度下已经越来越国际化了。社会主义会把它完全国际化。"[2]进入新时代，习近平总书记深刻指出："互联网日益成为创新驱动发展的先导力量，深刻改变着人们的生产生活，有力推动着社会发展。互联网真正让世界变成了地球村，让国际社会越来越成为你中有我、我中有你的命运共同体。"[3]他们共同揭示了经济全球化的历史趋势永远不可改变，产业发展国际融合的时代趋势永远不可改变，各国产业共存共进、互促互补的发展趋势永远不可改变。

翻开世界产业发展史：以英国发起的第一次工业革命为标志，开创近现代产业发展的历史先河；以美国主导的第二次、第三次工业革命为标志，产业发展不断突破国界，德国、日本等都参与其中，并相继成立联合国、世界银行、关贸总协定、国际货币基金组织等，推动产业浪潮波及世界，全球治理体系初步形成。自苏联解体后，美国一直主导经济全球化，控制世界产业发展格局，以马歇尔计划"强大战车"为起点，把美国产能疯狂地输出到欧洲乃至全球，启动美国征战称霸世界产业模式，从发展制造业开始到主宰全球制造产业，从建立石油美元体系开始到霸

1　中共中央马克思恩格斯列宁斯大林著作编译局编译：《马克思恩格斯选集》第一卷，人民出版社 1972 年，第 255 页。

2　中共中央马克思恩格斯列宁斯大林著作编译局编译：《列宁全集》第十九卷，人民出版社 1959 年，第 239 页。

3　《习近平向首届世界互联网大会致贺词 强调共同构建和平、安全、开放、合作的网络空间 建立多边、民主、透明的国际互联网治理体系》，《人民日报》2014 年 11 月 20 日。

控全球金融体系、向各国输出基础货币，从掠夺全球产业资源开始到打造超级霸权的强大工业、军事、科技、美元、文化软硬实力，从毫无节制、"雨露均沾"地把贪婪之手伸向世界各国产业链开始到实施"长臂管辖"称霸全球价值链产业链供应链，美国成为全球产业的最大逐利者获利者统治者，到今天，其惯用的恃强凌弱、巧取豪夺、零和博弈等霸权、霸道本性愈演愈烈，导致全球和平赤字、发展赤字、安全赤字、治理赤字日益加重。

历史表明，越是面对美国这样的强大产业霸权对手，越要深度融入世界产业格局、深度参与世界产业治理，愈要以共建人类命运共同体的博大胸襟团结世界一切可以团结的力量，共同培育全球产业发展新动能，共同做强做优做大国际产业体系，方能有效遏制产业霸权欺凌，共同战胜恃强霸权所操弄的"筑墙设垒""脱钩断链"和单边制裁、极限施压那一套。

当前，以智能化为核心的人类第四次工业革命浪潮正在强势兴起，推动中国产业发展全面嵌入国际合作治理体系，这对于保证我国在新一轮产业革命中立于不败之地十分必要。基于经济决定政治、利益决定关系的普适逻辑，从强化与周边国家乃至全球主要国家间的经济依赖和地缘政治关系入手，推动国际社会形成大联合大协同，共同促进国际贸易自由化、维护全球自由贸易规则，共同构建更加开放多元的产业共同体，共同主导产业发展命运，已成为绝大多数国家的普遍共识。

目前，世界产业多边合作正向力量正在持续高涨、有效汇合凝聚，普遍更加趋向建立信息共享与沟通、约束与激励、监督与惩罚、安全与预警机制体系和产业话语体系下的国际谈判、协商、贸易等长效合作机制，构建在国际合作构架下多形式多渠道多层次产业联动的安全体系，有效消除国别间的冲突博弈、对抗产业霸权、打破贸易壁垒、打通跨境物流堵点，有效化解自然灾害、地缘冲突、经济危机等突发事件造成的断链风险，正在聚合形成强大势场和国际潮流。

中国始终秉持开放、包容、普惠、平衡、共赢理念，致力于打造人类命运共同体和经济利益共同体，深入推动共建"一带一路"，积极推进供应链全球布局，深化与伙伴国家和地区间合作共赢，促进贸易和投资自由化便利化开展，在构建新型国际关系中锻造新型国际供应链一体化治理模式。

对外开放基本国策不可逆转，唯有坚定实施互利共赢开放战略、深度嵌入国际产业链条、不断从世界各国汲取营养，方能更好蓄势产业发展新动能。实践一再证明：愈是坚定地打开国门、扩大开放，愈能从广袤博大的世界中发掘资源富矿、赋能产业发展，产业链供应链价值链愈是安全可靠。全球产业具有类型多、主体多、方式多、渠道多、影响因素多和空间范围广、国际化程度高、传导聚变效应强等特点，打造各方互利共赢、安全高效的全球产业体系，是世界各国和国际社会的共同责任，必须以构建人类命运共同体为目标导向，加强交流协商，相互抱团取暖，实现世界各国产业共同发展繁荣。

"万物并育而不相害，道并行而不相悖。"[1]推动构建人类命运共同体是世界产业发展的根本出路，只有和睦相处、合作共

1　出自《礼记·中庸》。

赢，世界产业才能繁荣、发展才能持久、安全才有保障。中国将始终坚定秉持独立自主、和平共处、互惠包容、共生共荣、公平正义、安全可控的根本立场，坚持经济全球化正确方向，坚持合则两利、伤则两害，积极帮助支持广大发展中国家加快产业发展，决不搞产业欺凌、不搞双重标准、不搞掠夺扩张、不搞阵营化和排他性的小圈子，在构建新型国际关系中同世界各国开展产业合作，在促进产业良性互动协调中扩大同各国利益的汇合点，让全世界共同分享中国产业发展红利、更好惠及世界各国人民。

进一步推进高水平开放，强化区域经济合作。积极应对国际产业链重构和贸易规则调整，依托制造业基础、区位优势、资源禀赋，强化外经贸战略地位，推进贸易便利化，加快建立开放型产业体系，支持保障电子信息产业链、供应链畅通运转，稳定相关产品的国际市场份额，稳住外贸基本盘。支持我国本土企业与国际先进企业开展公平竞争，对国际先进产品敞开大门，实行采购全球化，使本土企业和国产产品融入全球产业体系，培育国际领先竞争力，提升全球市场份额。

全方位加强国际产业合作，积极融入全球科技创新体系，鼓励国内企业、研发部门和单位开展开放合作创新，支持与发达国家科研机构开展产业联研，重视引进吸引境外原创技术在我国孵化落地，做好包括知识产权在内的产权保护工作。发挥我国生产制造优势，加强与跨国企业合作，统筹优化要素组合、研发创造、生产制造等关键环节，着力突破集成电路等领域短板弱项，合作共建共创供应链体系。鼓舞支持中国企业走出去，高效配置全球资源，带动我国企业逐步占领全球高端产业链有利位置。

实施自由贸易区战略，将中欧中美投资协定谈判作为中期战略重点。

进一步优化产业发展环境，落实好各项稳外资政策措施，完善外商投资促进服务体系，建立优质外资项目市场化奖励机制，做好外资引进的配套服务，简化审批流程，优化沟通反馈机制，提高营商环境国际化市场化法治化水平。发挥海外投资龙头企业、海外服务平台、海外商会等海外机构的作用，做好政策咨询、信息共享、企业联谊等服务，助力我国产业全球布局，确保稳中求进、稳妥落地。

推进实施"一带一路"发展战略不可逆转，唯有充分激活战略引擎、全面焕发聚变效应、集各方优势资源为我所用，方能更好撬动产业发展新版图。共建"一带一路"是我们党和国家顺应世界各国人民共同意愿、推动构建人类命运共同体向全世界发出的中国倡议、唱响的中国声音、提出的中国方案、体现的中国担当，反映了我们党和国家一以贯之地坚持亲诚惠容、和睦相处，与邻为善、以邻为伴，共建共享、合作共赢的国际观民族观大局观发展观，充分反映了我们党和国家坚定维护世界持久和平、促进共同安全发展的大国担当。

"一带一路"是当今世界范围最广、规模最大的国际合作平台。在经济全球化和区域经济一体化大背景下，"一带一路"倡议应运而生，可谓恰逢其时，充分回应了共建国家在经济发展、民生改善、危机应对等方面的共同诉求。这一倡议的实施，必将给世界各国特别是亚洲国家提供更多市场、增长、投资、合作的机遇，促进经济要素有序自由流动、资源高效配置和市场深度融合，带动共建国家的互联互通，优化国际产业合作格局、拓展产业发展空间、促进双边多边经贸协定取得实质进展；必将有力促进我国高效获取国外资源、化解过剩产能、加快产业转型升级，推动我国产业向世界高端价值链延伸和国民经济快速健康发展，为我国民族产业提供更为广阔的生存和发展空间。

"一带一路"共建国家大多是发展中国家和转型经济体，区位优势、资源禀赋、产业基础不尽相同，后发优势明显，与我国经济互补性强。西亚、中亚的国家资源禀赋好，石油产业、采矿业和有色金属冶炼等产业具有鲜明的比较优势，其能源和矿产资源能够与我国产业结构形成互补，通过发挥国际工程承包、项目建设方面的技术、人才和资金集合效应，带动高铁装备、移动通信终端等高技术产品输出，既化解我国在钢铁、水泥等领域的过剩产能，又推动我国民族产业更好进军国际市场，向产业价值链高端迈进。基于安全理念护航下推进"一带一路"建设，必将不断增强和绽放我国产业的无限魅力，吸引并形成更加广泛的国际合作，转化为推进我国产业发展更快更强的"加速度"。

推动"一带一路"倡议有效落地，坚持从对接中国过剩产能与共建国家发展需求切入，以资本输出带动产品产能输出，在更广泛的范围内实现生产资源优化配置。坚持从能源合作切入，在共建国家布局能源产业，建立完善区域能源合作机制，提升中国油气市场地位。坚持从推行跨境经济合作切入，增进空间可达性与辐射力，推动边境的"边缘区"转化为发展潜力"核心区"，带动生产资源有效配置与生产效率提升。坚持从拓展国土空间开发切入，加快向西开放步伐，开放内陆沿边地区主要口岸和城市，释放中国经济的内生动力，打破改革开放和经济发展"东高西低"的既有格局，促进国土空间均衡。坚持从深化国际金融合作切入，在亚投行与丝路基金带动下，充分发挥金融引领作用，努力在促进基础设施建设互联互通、亚太自贸区建设和能源合作等方面取得成效，推动亚太地区经济共同繁荣。同时，顺应共建国家工业化进程的大趋势，依托当地政策、资源、用工成本、土地等优势条件，引导国内企业投资相关国家，深化农林牧渔、通信交通、海洋环保、航道安全、防灾减灾等领域合作，期以"一带一路"倡议的深入实施创造一带而起、一路开花、全面结果的世界效应，绽放全球产业的满园春色。

七、加强管控规制，固化战略约束

产业发展无国界，产业属性有国别。当今世界，产业已成为国家利益的象征、国家形象的标识、国家政权的支撑。因此，世界各国普遍将产业安全发展纳入政府管制治理系统，既当好顶层战略、产业政策、贸易规则、制度措施的制定者推动者实施者，又当好产业安全的坚定维护者、调控管理者、主体执行者，在培育核心竞争力、把控发展趋势、促进有序协调、推动创新创造、促进经济增长等方面，发挥着不可替代的作用。

强化政府管控职能、发挥政策规制作用十分重要，有利于更好推动政策链与创新链、产业链、资金链、人才链的有机衔接，有利于更好从政策层面整合战略性新兴产业集群、创新型产业集群、先进制造业集群，有利于建立公平公正经济环境、维护产业市场秩序、促进产业健康发展，实现国家意志与市场价值、社会价值的高度统一。

政府管控规制，体现在通过一系列法律、法令、条例和政策，把政府有效管理、政策有效规制、制度有效约束贯穿到产业发展全过程，实现对产业活动的持续引导调整、规范运行、安全制约，形成体现国家意志强制力、应对突发安全风险的高效执行力、事前事中事后的全闭环贯通力。美日欧等发达国家都是以国内立法建立产业安全"防护网"，美国靠名目繁多的法律法规构筑起攻守兼备的产业安全体系，像建立产业损害预警机制，成立外国投资委员会和外国投资办公室专司监管外商投资，构筑以反倾销保护、知识产权保护、技术贸易壁垒为标志的新贸易保护主义的三道防线。日本先后制定涉及外汇与外贸管理法、公正交易法、进出口交易法、关税法和外汇法等一大批产业保护的法律法规。

发达国家加强产业保护的历史轨迹启示我们，产业保护的过程就是推动产业滚动升级的过程，必须准确把握国际产业分工、调整、重组的机遇和趋势，充分发挥政府主导的管控规制作用，实施全过程产业调控政策，对有比较优势和发展潜能的产业，加大保护支持力度，变压力为动力，促进其健康发育成长，最终壮大为国民经济的重要产业。学习借鉴发达国家做法，尚需在以下方面发力着力。

其一，加快完善政策法规。"徒善不足以为政，徒法不能以自行。"[1]立法是发挥政府主导主体作用、强化管控规制功能的重

1　出自《孟子·离娄上》。

要前提。构建我国产业安全法规体系，应从加快法治中国建设进程、推进国家治理体系和治理能力现代化、构建社会主义市场经济秩序、维护产业安全高度来认识，切实摆上位、抓到位。当前，除管总的普适性法律法规外，还应及时完善修订反倾销、反补贴、对外投资、产业安全、知识产权保护等方面的法律法规。包括形成符合 WTO 规则的产业保护法律体系，促进产业保护法制化体系化；加强技术性法规和标准制定，提高产业保护引导力辐射力约束力；加强对企业应诉指导，建立谈判交涉、促进企业应诉等有效激励机制。从产业骨干法规看，主要包括以下两方面。

一是加快构建保障产业安全的法规体系。完善《反垄断法》为增强市场活力、实现公平竞争、提高经济效率、防范国外跨国公司大举进犯我国产业领地提供法律保障；抓紧启动《企业并购法》立法，为维护我国基础性战略性和高新技术产业安全、防范外资恶意收购设置政策"安全阀"；完善《反不正当竞争法》，对价格壁垒、技术歧视、市场倾销、利润转移等不公平竞争行为作出严格限制；完善政府采购政策，出台体现国家对高成长性产业支持的政策措施，以政府强大购买力助力相关产业发展；健全产业预警机制，出台产业预警监测、分析评估、信息发布、预警应急、跟踪评价等措施办法，推动实现预测准确、预警及时、预案可行、预控有效，把安全风险化解于萌芽状态，为维护产业安全建起"雷达站"、设置"避雷针"；制定严格市场准入相关法规，促进投资、财政、货币、技术、贸易等政策及生态环境标准、产品质量认证体系等衔接配套，为防止无序竞争和资源浪费提供机制保障。

二是加快构建严格外资安全审查的法规体系。着眼更好平衡对外开放与利用外资的关系，构筑产业链防火墙，坚持底线思维，健全产业安全审查制度，完善全球供应链风险预警与有效应对机制，形成针对重点行业供应链深层安全管理体系。高度关注产业链"神经末梢"初创企业和各类专精特新企业的产业安全，加大对我国龙头企业公司的政策扶持支持，促进产业链上下游融通创新；建立供应链安全评估制度，加强外资安全审查配套法规建设，借鉴其他国家成熟做法，建立常设性的外资安全专门审查机构，设立理事单位，对涉及国家安全的外国投资进行审查，严格安全审查标准及范围，结合我国全面在外资准入领域实行"准入前国民待遇＋负面清单"管理模式，出台实施细则，并根据国际形势随时作出相应调整，使审查标准兼顾操作性和动态性。

中国作为世界上的贸易大国，应该在国际贸易规则谈判中拥有更多的话语权，应着力实现从适应规则到参与制定规则的转变，确保在维护我国和广大发展中国家利益上发挥更大作用。

其二，增强政策引导功能。产业政策是国家围绕加快经济发展、谋求最优经济效益，从政策层面保障优先发展重点产业、扶持幼稚产业、限制过剩产业，以及纠正市场失败、弥补市场缺陷所制定实施的一系列产业政策，覆盖产业结构、组织、技术、布局等方面，制定政策不是目的，强化引导才是终之所求。

一是引导优化产业结构。重点引导发展基础工业和战略产业，尤其是在工业化装备制造业，加快实施一批技术难度大、配套性强、跨行业的重大技术装备研发制造，发展培育一批有较强竞争力的大型装备制造企业集团，打造一批具有国际先进水平的国家级重大技术装备工程中心，推动在拥有自主知识产权、实现核心技术和系统集成能力取得实质性突破，发挥产业集聚效应，建立若干具有特色和知名品牌的装备制造集散地，逐渐形成重大技术装备、高新技术产业装备、基础装备、一般机械装备专业化分工、相互促进、协调发展的产业格局。

二是引导推动产业创新。加强对以企业为主体国家创新体系的引导，推进企业结构调整、扩大市场份额、促进标准建设，培育具有较强竞争力的大型企业集团，继续实施类似 863 计划、火炬计划的科技重大专项计划，依托重点实验室、重点工程、重大项目，开发储备一批高新技术、关键技术，带动相关产业创新发展。

其三，贯通产业治理体系。建立体现共享共治理念、推动有为政府和有效市场同频共振、激发内在动力潜力、服务高质量发展的多层产业治理机制。在国家层面，构建国家、地方、企业三方联动的产业链条，把维护产业安全作为上下一体的共同目标，纳入宏观经济考核评价指标体系。在产业层面，构建产业链供应链区域融通、能力互补、多元发展的协调对接机制，将产业链供应链安全与城市群建设、共建"一带一路"等有机衔接起来。在企业层面，构建推动企业利用数字化技术进行供应链管理机制，通过"上云""用数""赋智"升级企业供应链管理水平。在市场层面，构建融合各地产业管理服务平台和相关机构利用市场化手段进行产业服务的协调保障机制，并把服务情况作为衡量产业安全水平的重要指标。在工作层面，构建起定期评估产业安全韧性、统筹谋划、精准施策、跟进动态督导等推进机制，助力提升我国产业安全的治理能力。

加强产业损害预警，建立从政府、企业到行业协会全面贯通、有效互动、各司其职的安全预警管控链条。相关政府部门重在畅通企业沟通联络、信息共享渠道上发力，对面临的不公平贸易侵害作出快速反应，联动各方共同应对国外贸易壁垒。行业协会重在围绕规范服务企业出口上发力，主动为出口企业提供好应对进口方有关反倾销法律条款、市场价格、市场份额、生产数量、产品利润及工人就业情况等信息服务，及时灵活地搞好预警响应。企业重在对各种贸易救济、技术性贸易壁垒等信息保持高度敏感，广泛搜集相关信息并建立贸易壁垒数据库和咨询中心，加强应对措施的提前预制。

后　记

　　"惟创新者进，惟创新者强，惟创新者胜。"作为一个有着30多年党建工作经历的老党务工作者，工作之余，主要是潜心研究党的理论宣传中的一些重要命题，自觉当好党的创新理论研究宣传者、诠释唱响者、积极实践者，这也是党的理论工作者全部价值所在、职责使命所系、心路祈愿所托。在辛勤苦作中，现奉上这本《产安天下》。

　　此时此刻，我尤其想感谢的是我的领导和搭档徐晓奇同志，本书的每章每节，他都是最忠实的第一研读者、第一指导者、第一修正者，为本书付梓立下了汗马功劳；真诚感谢我的同事陈若宇、郭少晨、吴兆飞、孙为昭、潘婧等同志，凡重大课题一经启动，就紧前行动，腾出大量时间精力，帮助我找资料、主动出点子、精细做校对，为本书面世作了重要贡献。在此，一并致以衷心感谢！

　　特别鸣谢中国青年出版总社陈章乐总编辑、蔺玉红副总编辑、经典再造编辑中心叶施水主任及马福悦编辑，是他们为本书的编辑、整理、校对和出版发行做了大量富有成效的工作，提出了诸多富有见地的意见，进行了大量卓有成效的修改，给予了无可估量的支持，为本书穿上了"美丽的嫁衣"。

传播思想火种、助燃燎原之势是我们的使命，理论探索研究步伐一旦迈出就不能有停歇懈怠之时。现推出本书之"砖"，期待引出党的创新理论研究探索成果之"玉"，形成创新理论研究百舸争流、满园春色之势，不断占领新高地、激扬新能量、奋进新时代。

由于理论水平、研究能力有限，加之时间仓促，其中许多不妥之处，敬请广大有识之士批评指正！

熊汉涛

2023 年 8 月